Berühmte Geraer

-

Verewigt in Straßennamen

Der Autor: Ferdinand Kämpfer ist Student des Masterstudienganges Geschichte transkulturell an der Universität Erfurt. Seit 2016 gibt er Stadtführungen und hält Vorträge über die Geschichte Thüringens in Gera.

Ferdinand Kämpfer

Berühmte Geraer – Verewigt in Straßennamen

Bibliographische Information der Deutschen Nationalbibliothek:

Die Deutschen Nationalbibliothek verzeichnet diese Publikation in der Deutschen Nationalbibliographie, detaillierte bibliographische Daten sind im Internet über dnb.dnb.de abrufbar.

TWENTY-SIX – der Self-Publishing-Verlag

Eine Kooperation zwischen der Verlagsgruppe Random House und BoD – Books on Demand

© 2020 Ferdinand Kämpfer

Herstellung und Verlag

Books on Demand – Norderstedt

ISBN: 9783740770044

Inhaltsverzeichnis

Einleitung 1

Langenberg/Stublach 5

Bieblach/-Ost/Tinz 14

Gewerbegebiet Tinzer Straße 31

Untermhaus 45

Siedlung Schafwiesen 61

Geraer Nordstadt 70

Zentrum ohne Altstadt 87

Südostviertel 117

Ostviertel/Leumnitz 127

Heinrichsgrün 139

Debschwitz 142

Krankenhaus 165

Dürrenebersdorf 168

Lusan 169

Zwötzen/Liebschwitz 196

Schlussbemerkungen 209

Literaturverweise 212

Einleitung

Straßen bilden seit jeher eine wichtige Grundlage für Handel, Transport, Verkauf und Wohnen. Straßennamen verleihen diesen Straßen Identifikationen, die insbesondere für das wachsende Postwesen eine wesentliche Rolle spielten.

Im Mittelalter war es üblich, die Berufsgruppen, die in den jeweiligen Straßen lebten, in den Straßenbezeichnungen zu nennen. Noch heute lässt sich in vielen Städten erkennen, an welchen Stellen die Menschen der verschiedenen Arbeitsbereiche ihr Zuhause hatten. So gibt es beispielsweise in Gera nach wie vor die Böttchergase in der Nähe des Marktes.

In der Gründerzeit wurden bedingt durch das rasante Bevölkerungswachstum in Gera, wie in den meisten Städten, mehr Straßen angelegt, um sowohl Quartiere für die Arbeiter als auch repräsentative Villenvororte zu schaffen.

Als sich ab dem Jahr 1933 das politische System in Deutschland durch die NSDAP änderte, wurden Straßennamen oft zu Propagandazwecken verändert. Diese wurden nach dem Zweiten Weltkrieg wiederum entfernt, und es entstanden entweder neue Namen oder es wurde auf ehemalige Namen, die die jeweiligen Straßen einmal trugen, zurückgegriffen.

In der DDR war es in der Bezirksstadt Gera zudem üblich, in den entstandenen Plattenwohnungsvierteln Namen zu finden, die im Zusammenhang mit der russischen bzw. sowjetischen Kultur, aber auch mit der Wirtschaft der DDR, wie etwa der Wismut, standen. Namen wie Anton S. Makarenko oder Nicolai Ostrowski – beides sowjetische Schriftsteller – sind nach wie vor in verschiedenen Straßennamen zu finden, genauso wie zum Beispiel der Erzhammer oder Worte wie Glück Auf, die Symbole für die Wismut waren.

Die Stadt Gera verfügt weiterhin über verschiedene Viertel, die nach Berufen bedeutender Persönlichkeiten geordnet sind. Dazu gehört beispielsweise das Musikerviertel Heinrichsgrün, in dem sehr viele Komponisten aus

Deutschland und der Region als Straßennamen dienen (Ausnahme: Richard-Wagner-Straße im Ostviertel und Franz-Schubert-Weg in Lusan).

In Bieblach-Ost wurden das dortige Neubaugebiet und die anschließende Eigenheimsiedlung nach Physikern wie Carl Zeiss oder Otto von Guericke benannt. Ärzte wie Ignatz Semmelweis, Ferdinand Sauerbruch oder Rudolf Virchow finden sich wiederum im Wohngebiet Scheibe/Klinikum mit Ausnahme von Robert Koch. Das Philosophenviertel befindet sich mit der Schellingstraße, der Feuerbachstraße und der Kantstraße im Stadtteil Untermhaus.

Dichter und Schriftsteller finden sich im gesamten Stadtgebiet: Schillerstraße (Ostviertel bis Ferberturm), Uhlandstraße (zwischen Zschochernstraße und Laasener Straße), Stormstraße (fernab des Zentrums in Liebschwitz), Heinrich-Heine-Straße (Debschwitz) oder Lessingstraße (zwischen Laasener Straße und Clara-Zetkin-Straße).

Das vorliegende Büchlein handelt jedoch von berühmten Geraern, die in den heutigen Straßennamen der Stadt Gera verewigt wurden. „Goethestraße", „Turmstraße" oder

„Bahnhofsstraße", um einmal die klassische Monopoly-Edition zu zitieren, kommen deutschlandweit wohl fast unzählbar häufig vor. Dagegen ist eine „Ferdinand-Hahn-Straße", oder ein „Wilhelm-Weber-Hof" bis heute nur in Gera zu finden.

Im Folgenden werden jedoch nur die Personen in Betracht gezogen, die die Stadt sowie das politische, wirtschaftliche und soziale Leben nachhaltig prägten, und nicht nur für eine kurze Weile in der Stadt waren.

Johann Wolfgang von Goethe, Theodor Körner oder Hans Otto besuchten zwar Gera, prägten es aber nicht so intensiv wie andere Persönlichkeiten. Trotzdem weist die Stadt eine beachtliche Anzahl an Geraer Prominenten auf, sodass das Buch bereits jetzt gut gefüllt ist.

Alle Straßen werden im Folgenden nach Stadtteilen bzw. Gebieten geordnet und mit dem jeweiligen Straßenschild fotografisch festgehalten. Sollte bei der nun folgenden Vielzahl dennoch eine Straße fehlen, bittet der Autor um Kontakt unter: kanzlerwiese@web.de

Viel Spaß beim Schmökern wünscht Ferdinand Kämpfer.

Langenberg/Stublach

Gladitschstraße

August Wilhelm Gladitsch (1826–1895) war einer der bedeutendsten Geraer Kaufleute. Er engagierte sich zudem für die Armen und nach seinem Tod wurde von seinem Vermögen das Armenhaus in Langenberg unterstützt.

Gerade deshalb wurde nach ihm die von der Zeitzer Straße bis zur Schulstraße in Langenberg verlaufende Straße benannt. Der Geraer Verschönerungsverein errichtete außerdem im Jahr 1897 im Stadtwald auf dem Hainberg den Gladitschturm, der heute aber zusehends verfällt.

Unter der Charlottenburg/Charlottenburgweg

Vom Charlottenburgweg abzweigend verläuft die Straße „Unter der Charlottenburg". Der Geraer Harmonikafabrikant Heinrich Wagner (1808–1872) ließ die „Charlottenburg" für seine Gemahlin errichten. Ihr Name hat demnach einen anderen Ursprung als das Berliner Schloss, das nach der ersten preußischen Königin Sophie Charlotte benannt wurde.

Wagnerstraße

Die nach Heinrich Wagner benannte Wagnerstraße verläuft von Unter der Charlottenburg bis zur Schulstraße. Wagner handelte ab 1836 mit Harmonikas, die er von seinem Schwager aus Wien erhielt. Gleichzeitig holte er erfahrene Harmonikamacher, Stimmer und Plattenmacher nach Gera, sodass ab 1842 die Harmonikaproduktion beginnen konnte. Damit gehörte er zu einem der frühesten Fabrikanten, der Gera industriell prägte.

Der Berliner Kaufmann A. Hofmann komplettierte das Team um Wagner und es entstand die Firma Wagner & Co. Ab 1850 produzierte das Unternehmen ca. 100 000 Harmonikas und 720 000 Mundharmonikas. Wagner kaufte anschließend das Tivoli auf dem Puschkinplatz und richtete dort eine weitere Produktionsstätte ein. Nach dem Tod von Heinrich Wagner übernahm sein Sohn die Leitung des Unternehmens und zog in Räumlichkeiten in der Neuen Straße. Bis 1899 produzierte die Firma noch Musikinstrumente, bevor der Betrieb eingestellt wurde.

Heinrich Wagner war außerdem für sein soziales Engagement bekannt. Im Jahr 1862 gründete er einen Verein, der die Arbeiter bei Krankheiten und Unfällen unterstützte.

Steinbeckstraße

Die Steinbeckstraße verläuft mit mehreren Abzweigungen von der Langenberger Straße bis zur Auenstraße. Benannt wurde sie nach dem Geraer Herausgeber der Zeitung „Aufrichtig-deutsche Volkszeitung" Christoph Gottlieb Steinbeck (1766–1818). Er wurde von der Universität Jena mit der Ehrendoktorwürde für seine bildungsreichen Schriften ausgezeichnet. Kurz vor seinem Tod wurde Steinbeck Advokat in der Herrschaft Gera.

Adolf-Rolle-Platz

Inmitten Stublachs nördlich von Langenberg befindet sich der Adolf-Rolle-Platz. Der Namenspatron Adolf Rolle (1845–1928) war nicht nur Klempnermeister, sondern auch Bürgermeister von Langenberg. Im Jahr 1886 begründete Rolle die freiwillige Feuerwehr und sorgte für die Ansiedlung neuer Fabriken, zum Beispiel die Mechanische Weberei Gey. Zudem wurde in seiner Amtszeit die Langenberger Schule errichtet. Bei seinem Tod hinterließ er eine Stiftung für die ortsansässigen Bürger Stublachs und Langenbergs.

Bieblach/-Ost/Tinz

Otto-Lummer-Straße

Otto Lummer (1860–1925) wurde als Sohn eines Bäckers geboren und studierte nach dem Besuch des Geraer Realgymnasiums Physik an der Berliner Universität. Lummer promovierte über die Spektroskopie und entdeckte die sogenannten „Lummerschen Ringe". Seinem Doktorvater Hermann von Helmholtz folgte er im Jahr 1887 an die Physikalisch-Technische-Reichsanstalt und im Jahr 1905 wurde Lummer Professor an der Universität Breslau.

Kurz vor Ende der DDR wurde im Jahr 1988 die damals neuentstandene Straße als „Otto-Cummer-Straße" verzeichnet. Der Fehler wurde nach der Wende berichtigt.

Alexander-Wolfgang-Straße

Entlang des Bieblacher Kaufparks verläuft die Alexander-Wolfgang-Straße. Sie wurde nach dem Schwager von Otto Dix, Alexander Wolfgang (1894–1970), benannt, kam 1908 nach Gera und wurde zunächst Buchhalter. Im Ersten Weltkrieg übte er sich am Malen und Zeichnen. Ab 1919 widmete er sich in Gera erneut dem Malen und orientierte sich stark an expressionistischen und impressionistischen Malereien.

In den Zwanzigern stellte er gemeinsam mit den Geraer Künstlern Kurt Günther, Paul Neidhardt und Hermann Paschold aus. Das Hauptwerk Wolfgangs bilden Landschaften und Stillleben. Wolfgang heiratete in den Dreißigerjahren die Schwester des Malers Otto Dix, Hedwig.

Fritz-Gießner-Straße

Von der Wachsenburgstraße zweigt die Fritz-Gießner-Straße ab. Der in Gera geborene Kommunist (1898–1976) war in der Geraer Fabrik Weißker als Eisendreher tätig. Schon früh organisierte er sich gewerkschaftlich und gehörte der Arbeiterjugend an. Nach dem Ersten Weltkrieg war er in Gera Mitbegründer der KPD-Ortsgruppe Gera und von 1925 bis 1932 Mitglied des Geraer Gemeinderates.

Während der NS-Zeit wurde Gießner mehrmals festgenommen und dabei zweimal im KZ Buchenwald inhaftiert. Von Mai 1945 bis 1949 wirkte Gießner als Bürgermeister von Gera und wurde anschließend zum Landrat des Landkreises Nordhausen gewählt. Später war er auch dort Bürgermeister und wurde von der Stadt Nordhausen anlässlich seines 75. Geburtstages zum Ehrenbürger ernannt.

Curt-Böhme-Straße

Ebenfalls von der Wachsenburgstraße abzweigend verläuft die nach dem ehemaligen Geraer Oberbürgermeister Curt Böhme (1889–1968) benannte Straße. Nach einer Ausbildung zum Feinmechaniker bereitete Böhme im Jahr 1916 die illegale „Osterkonferenz" in Jena vor. Dabei handelte es sich um eine Jugendkonferenz, die sich gegen den Ersten Weltkrieg stellte.

Nach einem Jurastudium wurde er Referatsleiter im Thüringer Innenministerium und war von 1924 bis 1931 in fast allen Landtagen Thüringens als SPD-Abgeordneter vertreten. Zugleich hatte er das Amt des Bürgermeisters von Allstedt inne. Während der NS-Zeit verlor Böhme seine Position und wurde im Jahr 1934 in der Firma Zeiß als Feinmechaniker angestellt. Zehn Jahre später kam Böhme ins KZ Buchenwald und verblieb dort bis zur Befreiung im April 1945. Bereits kurz danach organisierte er sich in der neugegründeten Thüringer SPD und hatte bis 1948 verschiedene Posten im Thüringer Landtag inne.

Im September 1948 wählte die Geraer Bevölkerung Curt Böhme zum Oberbürgermeister. Bis 1956 bekleidete er in Gera dieses Amt, bevor er aus gesundheitlichen Gründen abtrat. Am 19.12.1956 wurde er zum Ehrenbürger der Stadt Gera ernannt. Die Curt-Böhme-Straße entstand im Zuge der Errichtung des Neubaugebietes und ist eine von vier Straßen, die in Gera nach Oberbürgermeistern benannt wurde.

Maler-Fischer-Straße

Ab der Thüringer Straße und der Haltestelle „Hilde-Coppi-Straße" verläuft in Bieblach-Ost die Maler-Fischer-Straße. Sie wurde nach der Geraer Künstlerfamilie Fischer, zu der auch der bereits erwähnte Geraer Oberbürgermeister Robert Fischer gehörte.

Friedrich Heinrich Fischer (1785–1850) war Sohn eines Kutschenmalers, der aus Ranis stammte. Kein Geringerer als Johann Leberecht Reinhold (nachdem u.a. die Maler-Reinhold-Straße benannt wurde) erteilte Friedrich Heinrich Fischer Mal- und Zeichenunterricht. nach seinem Kunststudium in Dresden, wurde er im Jahr 1813 Kunstlehrer am Gymnasium Rutheneum, an dem er bis zu seinem Tod wirkte. Fischers künstlerisches Erbe besteht vor allem aus Stadtansichten im romantischen Stil, aber auch aus Porträts berühmter Geraer Persönlichkeiten.

Ähnlich verhielt es sich bei seinem Sohn Theodor Heinrich Fischer. Wie sein Vater studierte auch er an der Dresdener Kunstakademie, an der seine Arbeiten mehrfach prämiert wurden. Nach des Vaters Tod übernahm Theodor Fischer das Amt des Zeichenlehrers am Gymnasium. Im

Jahr 1862 wurde er von Fürst Heinrich LXVII. zum Hofmaler ernannt. Fischer war auch einer der ersten Geraer Fotografen, der allerdings diese Technik nur selten einsetzte und bis Lebensende dem zeichnen treu blieb. Theodor Fischer engagierte sich in der Öffentlichkeit und mitorganisierte beispielsweise die jährlichen Winterfeste.

Robert-Erbe-Straße

Der gebürtige Geraer Robert Erbe (1844–1903) wirkte im Gegensatz zu den vorigen Künstlern nicht in Gera. Er wirkte in Dresden und Oberlößnitz. Ölgemälde und Aquarelle gehörten zu Erbes Arbeiten. Am meisten stellte er Tiere in Landschaften dar. Die Straße befindet sich ebenfalls in der Nähe der eben erwähnten „Künstlerstraßen" im Neubaugebiet Bieblach-Ost und grenzt an die Maler-fischer-Straße.

Otto-Oettel-Straße

Der aus Bürgel stammende Maler Otto Oettel (1878–1961) kam erst relativ spät, im Jahr 1912, nach Gera. Nach einer Töpferausbildung hielt er sich zu Studienzwecken in Teplitz und München auf. Nach dem Ersten Weltkrieg im Jahr 1919 erwarb Oettel in der Mozartstraße ein kleines Häuschen, in dem er sein Atelier errichtete.

Oettels Werke können immer noch besichtigt werden: So errichtete er das Ronneburger und Geraer Rathausportal und schuf folgende Denkmäler: Professor Liebe-Denkmal am Hainbergweg sowie das De Smit-Denkmal an der ehemaligen Teppichfabrik Halpert in der De-Smit-Straße. Weiterhin baute er die Brunnenfiguren für Wünschendorf und Langenberg. Die nach ihm benannte Straße befindet sich ebenfalls im Künstlerquartier Bieblach-Ost.

Professor-Neidhardt-Siedlung

Die Straße Professor-Neidhardt-Siedlung ist in mehrere Teilstraßen südwestlich der Otto-Oettel-Straße gegliedert. Der Geraer Maler Paul Neidhardt (1873–1953) besuchte ab 1892 in Nürnberg die Kunstgewerbeschule und kehrte erst nach Aufenthalt in München im Jahr 1904 nach Gera zurück. Er errichtete ein Atelier und eine Mal- und Zeichenschule und gab zudem Zeichenunterricht am Geraer Technikum. Das Thüringer Landeskabinett Rudolf Paul II ernannte Neidhardt im Jahr 1946 aufgrund seines künstlerischen Wirkens zum Professor.

Gewerbegebiet Tinzer Straße

Jacob-A.-Morand-Straße

Jacob Anton Morand (1780–1844) erhielt im Jahr 1804 zusammen mit Daniel Gottfried Naumann eine Genehmigung zur Errichtung einer Kommissions- und Speditionshandlung in Gera. Ein Jahr später begannen sie, Zeugwaren zu vertreiben. Im Jahr 1810 trat Johann Christian Ferber in die Firma Morand & Naumann ein. Ab 1813 wurde die Firma unter dem Namen Morand & Co. weitergeführt und zwanzig Jahre später die erste Dampfmaschine in Betrieb genommen. Diese wurde bis 1885 betrieben und steht heute im Durchgang der Amthor-Passage.

Die Jacob-A.-Morand-Straße verläuft ab der Tinzer Straße bis zur Heinrich-Leo-Straße.

Carl-Louis-Hirsch-Straße

In den späten Neunzigerjahren entstanden im Gewerbegebiet Tinzer Straße einige neue Straßen, die nach Geraer Industriellen benannt wurden.

Einer dieser Industriellen war Carl Louis Hirsch (1814–1880). Er begann als Kleinfärber in der Straße „Am Korb", die sich etwa hinter dem UCI-Kino befand. Wie Ernst Moritz Jahr begann auch Hirsch mit einer kleinen Ausstattung: Zwei Zinnkessel und ein Kupferkessel, die über offenem Feuer beheizt wurden, waren die ursprünglichen Bestandteile dieser Färberei. Die gefärbten Stoffe wurden im vorbeifließenden Mühlgraben gespült. Hirsch erfand in seiner Kleinfärberei das sogenannte „Hirschschwarz", das aus einer Mischung von Kaliblau und Schwarz bestand.

Im Jahr 1860 erwarb Carl Louis Hirsch das Grundstück der ehemaligen Grünerschen Färberei in der heutigen Geschwister-Scholl-Straße. Seine Firma entwickelte sich ab den 1860er Jahren zu einem Großbetrieb und Hirsch gliederte ihr noch eine Appreturanstalt an. Spätestens ab dem Deutschen Kaiserreich entwickelte sich die Firma Hirsch zu einem der erfolgreichsten Unternehmen in ganz

Deutschland. Hirsch orientierte sich bei der Erweiterung der Produktion an den anderen Geraer Unternehmen und konnte dadurch seinen Betrieb leistungsfähiger machen. Im Jahr 1877 war er einer der ersten, der eine elektrische Lichtanlage in seiner Fabrik installierte. Noch kurz vor seinem Tod im Jahr 1880 zeichnete ein Führer die Firma Hirsch als Deutschlands größte Färberei und Appreturanstalt mit 750 Mitarbeitern aus.

Ab der Mitte des 19. Jahrhunderts war es für einen Unternehmer in Deutschland typisch, eine Villa zu errichten. Die Villa Hirsch I befindet sich in der heutigen Geschwister-Scholl-Straße und wurde Anfang der 1870er Jahre erbaut. Markant für diese Villa ist noch der traditionelle Standort hinter der Fabrik. Später entstanden Villen an weit abgeschiedenen Orten oder in Villenvororten. Hirschs Sohn Georg leitete bereits mit 18 Jahren das Unternehmen weiter und errichtete sich eine überdimensionale Villa in Neu-Untermhaus (heutige Joliot-Curie-Straße).

Ernst-Moritz-Jahr-Straße

Von der Carl-Louis-Hirsch-Straße abzweigend, verläuft in östliche Richtung die Ernst-Moritz-Jahr-Straße. Ernst Moritz Jahr (1816–1899) entstammte einer Handwerksfamilie und nutzte die wirtschaftliche Situation Mitte des 19. Jahrhunderts zu seinem Vorteil. In den Dreißigerjahren erlernte er nach einer abgebrochenen Buchhalterausbildung den Beruf eines Uhrmachers. Jahr begann bald selbst Vorträge über Physik und Chemie zu halten.

In Dresden legte er im Jahr 1840 das Staatsexamen in technischer Bildung ab. Ein Angebot, in Chemnitz eine Lehrerstelle an der Königlichen Gewerbeschule zu übernehmen, lehnte Jahr ab. Stattdessen gründete er in der Geraer Neustadt im Jahr 1841 eine Maschinenbauanstalt. Drei Jahre später verlegte Jahr seine Fabrik in die Bielitzstraße und erweiterte sie um eine Eisengießerei.

Ende der 1840er-Jahre baute die Firma den ersten Dampfkessel und knapp zehn Jahre später wurde die 100. Dampfmaschine produziert. Im Jahr 1863 stellte die Firma den eisernen Teil der Adelheidbrücke her, weshalb diese

Brücke zu einer der ältesten Holz-Metall-Konstruktionen in Mitteldeutschland gehört.

Moritz Jahr ist es zu verdanken, dass Gera neben seiner Textilindustrie einen weiteren bedeutsamen Industriezweig erhielt. Im Jahr 1854 bastelte Jahr an einer elektrischen Lampe, die zum Einzug des Fürsten Heinrich LXVII. erstrahlen sollte. Die aus 200 Elementen bestehende Eisenzinkbatterie zwischen zwei Kohlestäben erzeugte einen Lichtstrahl, der die Gegend hell erleuchtete. Kurze Zeit später erzeugte Jahr ein Licht mit 40 Batterieelementen, das von der Bahnhofsregion bis zum Hainberg im Stadtwald leuchtete.

Ernst Moritz Jahr verstarb im Jahr 1899 in Gera. Neben seinem aufwändig gestalteten Grabmal auf dem Südfriedhof, gibt es in Gera auch noch die Villa Jahr. Das an der Weißen Elster stehende Gebäude wurde 1905 für Moritz Rudolf Jahr erbaut, dem Sohn von Ernst Moritz.

Paul-Schulenburg-Straße

Zwischen den beiden oben genannten Straßen befindet sich die Paul-Schulenburg-Straße. Paul Schulenburg (1871–1937) wurde in den USA geboren, zog aber mit seinem Vater in den 1890er Jahren nach Deutschland. Mit 24 Jahren wurde er Teilhaber des Ronneburger Betriebes Bär & Becker. Im Jahr 1897 verband sich Schulenburg mit dem Greizer Wollfachmann Alexander Bessler. Zusammen gründeten sie das Unternehmen Schulenburg & Bessler. Anfang des 20. Jahrhunderts wurde die Firma von Debschwitz nach Zwötzen verlegt. Neben der Wollweberei entstand eine Seidenweberei, die an den Betrieb angegliedert wurde.

In den Zwanzigerjahren kam es zu Um- und Neubauten durch den Architekten Thilo Schoder. Kurz vor dem Ersten Weltkrieg beauftragte Schulenburg den in Weimar wirkenden Henry van de Velde zur Errichtung eines stattlichen Wohnhauses. Das Haus Schulenburg vereint Stile des Art Déco, Red-House, Bauhaus und Jugendstil und befindet sich am westlichen Ende der Straße des Friedens fernab des Betriebes. Im Vergleich zu den anderen Villen in der Straße steht das Schulenburgsche Anwesen relativ entfernt und wurde großzügig eingehegt.

Heinrich-Leo-Straße

Der Industrielle Heinrich Leo (1851–1932) gründete 1877 im Zentrum Geras eine Metallwarenfabrik und eine Gießerei. Zwei Jahre später verlegte er sie in die Schmelzhüttenstraße und zog im Jahr 1892 in die Talstraße. Durch die zunehmende Automobilisierung stellte die Firma nicht mehr wie ursprünglich Armaturen, sondern Kraftluftpumpen und Autowindscheiben her.

Nach dem Zweiten Weltkrieg wurde der Betrieb wie viele andere enteignet und unter dem Namen VEB Geraer Kompressorenwerk weitergeführt. Nach der politischen Wende kaufte im Jahr 1991 das aus Coburg stammende Unternehmen Kaeser Kompressoren das Werk und führt in der heutigen Leibnizstraße in Untermhaus die Tradition von Leo fort.

Untermhaus

Otto-Dix-Straße

Geras Werbemarke, der Maler Otto Dix (1891–1969), wurde im damals eigenständigen Vorort Untermhaus geboren. Dank eines Stipendiums des Fürsten Heinrich XXVII. konnte Dix in Dresden an der Kunstgewerbeschule von 1909 bis 1914 studieren. Dix war bis 1918 im Ersten Weltkrieg u. a. als Unteroffizier tätig. Die Schrecken des „Großen Krieges" vergaß er nie und verarbeitete die Eindrücke in seinen Bildern. Als er nach Dresden zurückkehrte gründete er mit dem Maler Conrad Felixmüller (1897–1977) die „Gruppe 1919". Wenige Jahre später zog Dix nach Düsseldorf und lebte von 1925 bis 1927 in Berlin, eine Periode, die als Höhepunkt seines Schaffens gilt.

Der Untermhäuser lehrte anschließend von 1927 bis 1933 an der Kunstakademie in Dresden. Die Nationalsozialisten entließen Dix, der darauffolgend an den Bodensee zog. Dort zeichnete er nicht mehr vollends im expressionistischen und impressionistischen Stil, sondern wandte sich der Gotik zu. Die Werke Dix' zählten ab 1937 zur

„entarteten Kunst" und wurden daraufhin verbrannt oder verkauft.

Nach dem Zweiten Weltkrieg erhielt Otto Dix im Jahr 1959 das Bundesverdienstkreuz und sieben Jahre später verlieh ihm die Stadt Gera unter Oberbürgermeister Horst Pohl die Ehrenbürgerwürde.

Die Otto-Dix-Straße verläuft von der Gutenbergstraße bis zur Heinrich-Laber-Straße. In der Straße befindet sich ein Hotel und beeindruckende Jugendstilbauten.

Paul-Felix-Straße

Die Parallelstraße zur Otto-Dix-Straße ist die Paul-Felix-Straße, die jedoch weiter als diese bis zur Theaterstraße verläuft. Erst mit 41 Jahren begann Paul Felix (1869–1949) seine künstlerische Laufbahn. Als Autodidakt entwickelte er mehrere komödiantische Rollen und wurde so von 1921 bis 1939 zum Ersten Komiker am Geraer Theater. Als populärer Darsteller wurde er von den Bühnen der Stadt Gera als Ehrenmitglied aufgenommen.

Heinrich-Laber-Straße

Von der Paul-Felix-Straße verläuft bis zur Joliot-Curie-Straße die nach dem Geraer Komponisten benannte Heinrich-Laber-Straße. Laber wurde im Jahr 1880 geboren, studierte in München und war danach als Konzertmeister in Bern und Augsburg sowie im Orchester in Baden-Baden tätig. Er ging mit dem in Meiningen wirkenden Max Reger auf gemeinsame Konzertreisen und wandte sich zunehmend einer Dirigentenlaufbahn zu.

Erst relativ spät, im Jahr 1914, berief ihn Fürst Heinrich XXVII. von Reuß jüngerer und älterer Linie zum Hofkapellmeister. In Gera dirigierte Laber Konzerte der Fürstlichen Hofkapelle und den Musikalischen Verein Gera.

Nach dem Ende des Ersten Weltkrieges und der Änderung zum Freistaat Reuß wurde der Dirigent zum Professor ernannt und wurde im Land Thüringen im Jahr 1923 Mitglied der Musikalischen Sachverständigenkammer. Nebenbei war Laber als Opernkapellmeister in Gera, Dresden und Eisenach tätig. Zusätzliche Auftritte fanden in Plauen und Coburg statt. Im Jahr 1940 beendete Laber seine Karriere und zwei Jahre später verließ er die Reußische

Kapelle. Das Grab des im Jahr 1950 gestorbenen Komponisten befindet sich auf dem Südfriedhof.

Biermannplatz

Am nördlichen Rand der Küchengartenallee befinden sich nicht die in einem Villenvorort zu vermutenden Villengebäude, sondern ein großer grüner Platz. Damit weist das Villenviertel Küchengartenallee lediglich eine einseitige Villenbebauung auf, die den Blick auf den sogenannten Biermannplatz richten. Dieser wurde nach der Geraer Unternehmerfamilie Biermann benannt. Max Biermann gründete in der Innenstadt am Gymnasium Rutheneum ein Kaufhaus.

Seine Tochter Lilly heiratete den späteren Oberbürgermeister Rudolf Paul, zog im Jahr 1938 nach ihrer Scheidung nach Berlin und starb wenige Jahre später im KZ Stutthof. Ihr Bruder Herbert heiratete im Jahr 1920 die aus Goch am Niederrhein stammende Anna Sibylle Sternfeld, besser bekannt als Aenne Biermann (1898–1933). Der Geraer Geologe Rudolf Hundt bat sie, von seinen gesammelten Gesteinen detaillierte Fotografien anzufertigen. Die Autodidaktin hatte bereits vorher einfache Gegenstände wie Pflanzen oder Fenster detailliert fotografiert und entwickelte sich zu einer der bedeutendsten Fotografinnen der Neuen Sachlichkeit. Sie starb Mitte Januar 1933 und erlebte die „Machtübernahme" der Nationalsozialisten nicht mehr.

Als Juden mussten die Söhne des im Jahr 1922 verstorbenen Max Biermann das Kaufhaus in der Stadt in den Dreißigern aufgeben. Die Familie emigrierte in die USA bzw. nach Palästina. Die Stadt Gera verleiht seit 1992 alle zwei Jahre den Aenne-Biermann-Preis und auch eine Straßenbahn trägt den Namen der großen Fotografin. Die Villa in der Leibnizstraße wird der Natur überlassen und verfällt zunehmend.

Tobias-Hoppe-Straße

Von der Theaterstraße verläuft bis zur Uferstraße die mit hohen sehenswerten Gründerzeit- und Jugendstilhäusern bebaute Tobias-Hoppe-Straße. Tobias Hoppe (1697–1778) war Apotheker und besaß in der Großen Kirchstraße die Häuser 9 und 11, in denen er eine Art Kräuterstube in einem Kellergewölbe betrieb. Angeblich lag vor der Ladentür ein lebendiger Affe, der vor allem Kinder begeisterte. Hoppe sammelte Bücher und legte neben einer Bibliothek eine naturwissenschaftliche Sammlung an. Zeitlebens befasste sich der Naturwissenschaftler mit Zoologie, Meteorologie, Astronomie, Geologie und Mineralogie. Auch das Werk die „Geraische Flora" stammt von ihm.

Hermann-Drechsler-Straße

Von der Joliot-Curie-Straße verläuft die Hermann-Drechsler-Straße in nördliche Richtung. Benannt wurde sie nach dem SPD-Mitglied Hermann Drechsler (1876–1951). Von 1903 bis 1907 war er Arbeitersekretär in Gera und anschließend bis 1919 Redakteur der Zeitung „Reußische Tribüne". Zudem saß Drechsler für die SPD von 1907 bis 1910 im reußischen Landtag und war ebenfalls Gemeinderatsvorsitzender in Debschwitz.

Auch in der Weimarer Republik prägte er die Geraer SPD maßgeblich und gehörte nicht nur zum Stadtrat, sondern war auch Erster Stellvertreter des Stadtratsvorsitzenden. Zur Zeit des Nationalsozialismus gehörte Drechsler zum Widerstand. Schließlich führte sein Kampf gegen die Nationalsozialisten zu seiner Inhaftierung im KZ Buchenwald. Nach seiner Rückkehr widmete er sich dem Aufbau der kommunalen Selbstverwaltung in den Landgemeinden Geras. Bis zu seinem Tod im Jahr 1951 war er auch schriftstellerisch tätig.

Ebelingstraße

Der Kommerzienrat Heinrich Ebeling (1747–1833) ist der Namenspatron für die von der Neuen Straße bis zur Parkstraße verlaufende Ebelingstraße. Sein Schwiegersohn Karl von Taubenheim übergab das Ebelingsche Vermögen der Stadt Gera, woraus die Ebeling-Stiftung entstand.

Siedlung Schafwiesen

Die Siedlung Schafwiesen entstand im Jahr 1936 und war ein Projekt der Nationalsozialisten. Die Häuser wurden nahezu alle in einem einheitlichen Stil dicht an dicht gebaut. Bedingt durch ihre Lage an der Weißen Elster gehört Schafwiesen zu den Hochwasserrisikosiedlungen. Der Name erinnert an die Schafherden, die hier einst grasten und die Wolle für die Zeugmacher und später für die Fabriken lieferten. Der Name „Schaf" findet sich in Gera u. a. in Schafpreskeln oder in Bieblach in der „Schäfereistraße".

Schöberweg

David Gottfried Schöber (1696–1778) gehörte ebenfalls zu einem der ersten Kauf- und Handelsmänner Geras, die mit Textilwaren handelten. Er war auch für kurze Zeit Bürgermeister von Gera und legte sich eine große Bibliothek an. Schöber sammelte nebenbei Münzen und Naturalien und verfasste zudem eine Biographie über Albrecht Dürer. Der Schöberweg verläuft von der Straße „Am Kupferhammer" bis zur Untermhäuser Straße.

Conradstraße

Balduin Conrad (1578–1649) traf im Jahr 1596 in Leipzig auf den Niederländer Nikolaus de Smit. Letzterer nahm ihn mit nach Gera und bildete ihn zum Kauf- und Handelsmann aus. Conrad gründete im Jahr 1607 ein Handelsgeschäft in Gera, errichtete eine Schön- und Waidfärberei am Mühlgraben und entwickelte sich zu einem sehr erfolgreichen Geschäftsmann. Bis zu seinem Tod im Jahr 1649 war er auch als Bürgermeister der Stadt Gera tätig.

Die Conradstraße gehört zu den Straßen in der Schafwiesensiedlung, die sich zwischen der Untermhäuser Straße und der Weißen Elster entlangzieht, und ist eine Parallelstraße zum Schöberweg.

Maler-Reinhold-Straße

Zwischen Conradstraße und Schöberweg befindet sich die Maler-Reinhold-Straße. Die Malerfamilie Reinhold gehörte wie die Familie Fischer ebenfalls zur Künstlerszene Geras.

Die Straße wurde nach Heinrich Reinhold (1788–1825) benannt, der in Dresden und in Wien studierte und sich der Landschaftsmalerei widmete. Reinhold wurde Anfang des 19. Jahrhunderts nach Paris berufen, wo er ein Werk, bestehend aus acht Kupferplatten, über die Feldzüge Napoleons anfertigte. Er kehrte im Jahr 1814 nach Wien zurück und reiste dann mit seinem Freund Erhard nach Rom und in die Toskana. Dort entstanden zahlreiche Ölgemälde und Handskizzen, die die dortige Landschaft abbilden. Reinhold starb im Jahr 1825 in Rom an einer schweren Erkältung und liegt auf dem Protestantischen Friedhof neben August Goethe, dem Sohn des Dichterfürsten.

Seine Stiefbrüder Gustav und Friedrich gehörten ebenfalls zur Künstlerfamilie und fertigten vor allem Bleistiftskizzen vom Alpenraum an. Sie wirkten hauptsächlich in Wien.

Johann Leberecht Reinhold (1744–1804), der Vater von Heinrich, Gustav und Friedrich, war ebenfalls Künstler. Über ihn ist allerdings nicht viel bekannt. Auf der Sorge erwarb er ein Haus erworben. Sein künstlerischer Schwerpunkt lag auf allegorischen und mythologischen Darstellungen. Auch Porträts gehörten zum Repertoire des Geraer Künstlers. So zeichnete er einige Geraer Bürger und Mitglieder der reußischen Familie.

Tobias-Albert-Straße

Georg Tobias Albert (1759–1826) erlernte das Porzellanhandwerk in Eisfeld und befasste sich ebenfalls mit Porzellanmalerei. Ursprünglich in der Porzellanmanufaktur in Volkstedt Nähe Rudolstadt angestellt, zog er mit deren Mitbesitzern Johan Georg und Andreas Greiner nach Untermhaus. Dort errichteten sie die Untermhäuser Porzellanmanufaktur. Zusammen mit seinem Schwager Heinrich Ernst gründete er eine Porzellan-Hausindustrie in Roschütz.

Um 1800 erfand Albert eine billigere Art der Vergoldung, die ihn finanziell unabhängig machte. Mit den Mitteln gründete er im Jahr 1800 in Pößneck eine Porzellanfabrik, die er allerdings im Jahr 1804 wieder schloss. Albert erwarb zudem die beiden Rittergüter Zeulsdorf und Zwötzen.

Geraer Nordstadt

Zabelstraße

In Verlängerung zur Humboldtstraße die Zabelstraße. Der Apotheker Karl Gotthelf Zabel (1771–1847) und seine Frau Henriette Zabel (1808–1884) gehörten im 19. Jahrhundert zu den bedeutendsten Bürgern der Stadt Gera. Durch zahlreiche Stiftungen und die Erbauung des heutigen Zabel-Gymnasiums hinterließ die Familie ein großes Erbe.

Da die Ehe kinderlos blieb, verfügte die Familie testamentarisch über die „Begründung und Errichtung einer Unterrichtsanstalt für Mädchen aus dem gebildeten Bürgerstande, welche den Namen ‚Zabelsche Höhere Töchterschule' führen sollte". Die Schule wurde selbstverständlich bewusst im privilegierten Viertel der Stadt errichtet und führt heute noch an der Johanniskirche und den prunkvollen Villen und Bürgerhäusern vorbei, die um 1900 erbaut wurden.

Kurt-Keicher-Straße

Die von der Laasener Straße bis zur Bieblacher Straße verlaufende Kurt-Keicher-Straße wurde nach dem Pfortener und Zwötzener Lehrer Kurt Keicher (1898–1945) benannt. Anfang der Zwanziger war er Mitbegründer der der KPD nahestehenden Freien Lehrergewerkschaft in Gotha. Zugleich bemühte er sich um eine sozialistische Gemeinschaftsschule und wurde 1933 aus dem Schuldienst entlassen. Später gab er noch Privatunterricht, arbeitete dann in der Industrie und baute im Auftrag des Geraer Antifaschistischen Ausschusses die demokratische Umformung des Schulwesens aus. Keicher starb jedoch schon Ende Mai 1945, sodass seine Ideen nicht weiter umgesetzt werden konnten.

Die Kurt-Keicher-Straße verfügt sowohl über Gebäude aus der Gründerzeit (wie das Eckhaus an der Goethestraße) als auch über Wohnhäuser der 1950er Jahre.

Loreystraße

Adolf Lorey (1813–1877) ist der Namenspatron dieser Straße im Norden Geras. Sie verläuft ab der Laasener Straße bis zur Franz-Mehring-Straße in einem Bogen über der Kurt-Keicher-Straße. Nach einem Studium der Theologie und alter Sprachen war Lorey in der Nähe von Erfurt als Hauslehrer tätig. Im Jahr 1851 wurde er Direktor an der Ersten Bürgerschule und elf Jahre später zusätzlich Leiter der Zweiten Bürgerschule in Eisenach. Kurz darauf, im Jahr 1866, folgte ein Wechsel nach Gera, wo er als Direktor der neu errichteten Gesamtschule auf dem Nicolaiberg tätig war.

In der Loreystraße befand sich bis 1924 die Gaststätte „Bergschlösschen". Später wurde in diesem Gebäude ein Kinderheim eingerichtet. Ab 1945 entstand dort ein Notkrankenhaus, das von 1952 bis 2005 die Hautklinik des städtischen Krankenhauses, später SRH Wald-Klinikum, beherbergte.

Franz-Petrich-Straße

Von der Berliner Straße bis zur Gerhart-Hauptmann-Straße zieht sich die relativ lange und durch die Straße des Bergmanns unterbrochene Franz-Petrich-Straße. Diese wurde nach dem Chefredakteur der SPD-nahen Zeitung „Ostthüringer Tribüne", Franz Petrich (1889–1945), benannt. Im Jahr 1930 wurde er Geraer Reichstagsabgeordneter. Um diese Zeit war die Wirtschaftskrise schon weit fortgeschritten und es begann die Zeit der Notstandsgesetze und Präsidialkabinette, bevor im Jahr 1933 Adolf Hitler zum Reichskanzler ernannt wurde.

Von der Jahrhundertwende bis 1935 arbeitete Petrich in Gera und zog anschließend mit seiner Familie nach Berlin. Die SPD wurde bereits 1933 aufgelöst, Petrich arbeitete jedoch illegal in der Berliner sozialdemokratischen Volksfrontgruppe. Drei Jahre später wurde er verhaftet, zu acht Jahren Zuchthaus verurteilt und anschließend im Februar 1945 bei der Räumung des KZ Sonnenburg ermordet. Auch seine Familie starb im Februar durch den Bombenbeschuss Berlins.

Helene-Fleischer-Weg

Die Geraerin Helene Fleischer (1899–1941) war von 1920 bis 1930 als Textilarbeiterin in der Färberei Louis Hirsch angestellt, wo sie auch im Betriebsrat saß. Seit der Gründung der Weimarer Republik im Jahr 1919 war sie Mitglied der SPD, bevor sie im Inflationsjahr 1923 zur KPD wechselte.

Fleischer wurde 1932 sowohl Abgeordnete des Thüringer Landtages als auch des Reichstages bei der letzten Reichstagswahl vor den Nationalsozialisten. Nach 1933 war sie als Widerstandskämpferin aktiv, wurde aber 1934 zu drei Jahren Zuchthaus verurteilt. Als sie anschließend an TBC erkrankte, wurde Fleischer ins KZ Mohringen verschleppt und anschließend wieder entlassen. Sie war weiterhin illegal in kommunistischen Kreisen tätig und wurde 1941 erneut verhaftet, bevor sie im selben Jahr in Stadtroda ermordet wurde.

Neben der Straße, die zwischen der Berliner Straße und dem Mendelssohnweg verläuft, wurde auch ein Altenpflegeheim nach ihr benannt. Eine Gedenktafel findet sich ebenfalls in der Straße.

Levenstraße

Der aus Wald bei Solingen stammende Wilhelm Leven (1867–1929) war nach seiner Tätigkeit als Redakteur der „Rheinisch-Westfälischen Arbeiterzeitung" und der „Thüringischen Tribüne" von 1892 bis 1920 in Gera bei der „Reußischen Tribüne" tätig. Danach war er bis zu seinem Tod Bürgermeister und Erster Stellvertreter des Stadtdirektors.

Zwischen 1893 und 1923 war Leven außerdem Landtagsabgeordneter des Fürstentums Reuß jüngerer Linie, ab 1919 Freistaat Reuß und ab 1920 Gesamtgebietsvertretung Gera-Greiz. Nach ihm wurde eine Straße zwischen der Dornaer Straße und Herderstraße benannt.

Wilhelm-Weber-Hof

Eingebettet zwischen der Franz-Mehring- und der Franz-Petrich-Straße liegt der Wilhelm-Weber-Hof. Er wurde erst 1924 errichtet und gehört damit nicht in die Zeit seines Namensträgers. Wilhelm Weber (1832–1899) studierte Jura in Berlin und bewarb sich im Jahr 1865 als Oberbürgermeister der Stadt Gera. Damals war Gera noch immer nicht völlig industrialisiert. Dörfliche Strukturen, Bauernhöfe und wenige Schlote prägten das Stadtbild. Als Weber zum Stadtoberhaupt gewählt wurde, war er mit 33 Jahren der bis heute jüngste Oberbürgermeister der Stadt. Von 1866 bis 1871 war er Mitglied des reußischen Landtages. Weber, der unter anderem August Bebel auf der IV. Vereinssitzung des Verbandes Deutscher Arbeitervereine im Rathaus begrüßte, förderte das wirtschaftliche Wachstum der Stadt.

Zwar wurde er im Jahr 1871 erneut zum Oberbürgermeister gewählt, verließ Gera jedoch, um im gleichen Jahr eine Stelle als Syndikus im Berliner Bankhaus Bleichröder anzutreten. Als Millionär starb der ehemalige Oberbürgermeister im Jahr 1899 in seiner Berliner Villa in Steglitz.

Der Wilhelm-Weber-Hof wurde nach dem Ersten Weltkrieg errichtet, um der wachsenden Wohnungsnot in Gera entgegenzuwirken.

Gera gehörte in der wirtschaftlich schwierigen Zeit noch immer zu einer der führendsten Industriestädte Deutschlands und wird heute im Geschichtsunterricht zu Unrecht vergessen. Damals kam es zum Bau von 14 dreigeschossigen Kleinmiethäusern, die 86 Wohnungen enthielten. Für die damalige Zeit des Neuen Bauens stand vor allem Licht, Luft und Grün im Vordergrund, weshalb ein solches Karree mit einem großen Lichthof anstelle von vielen hintereinanderliegenden Hinterhöfen zu den zeitgemäßen Gebäuden gehörte. Die Straße ist eine von insgesamt vier Straßen in Gera, die nach Oberbürgermeistern benannt wurden.

Robert-Fischer-Straße

Eine weitere nach einem Oberbürgermeister benannte Straße befindet sich zwischen der Berliner Straße und der Theaterstraße. Robert Fischer (1829–1905) entstammte einer alten Geraer Familie, zu der auch der Maler Theodor Fischer gehörte. Nach einem Jura- und Nationalökonomiestudium war er im Geraer Stadtrat tätig, bevor er in den Jahren 1869 und 1875 zum Kanzlei- bzw. Regierungsrat ernannt wurde. Im Jahr 1877 wurde Fischer zum Oberbürgermeister gewählt. Zwar blieb er nur bis 1880 im Amt, sorgte allerdings für eine komplette Reform des Stadt- und Gewerbewesens.

In Gera kam es zu einer neuen Polizei- und Straßenordnung sowie zu einer Reorganisation der Feuerwehr. Fischer schuf des Weiteren ein Gesundheitsamt und entwarf die Bestimmung für die Gasanstalt. Sein Buch „Die Stadt Gera und ihre kommunalen Einrichtungen, Gera 1878 und 1904" ist heute noch eine wichtige Quelle darüber, wie die Stadt im letzten Drittel des 19. Jahrhunderts organisiert war. Fischer war nebenbei auch Mitglied des Reußischen Landtages, erhielt im Jahr 1891 den Titel „Geheimer

Regierungsrat" und war schließlich von 1893 bis 1898 Direktor der Geraer Sparkasse.

Ein weiterer Erfolg Fischers war die Gründung des Geraer Stenografenvereins. Weiterhin gab Fischer an der Amthorschen Höheren Handelsschule Unterricht und gab zudem einen Katechismus des deutschen Handelsrechts heraus. Im Jahr 1905 starb mit ihm einer der bedeutendsten Geraer, der zudem der Geraer Freimaurerloge angehörte und seine letzte Ruhestätte auf dem Südfriedhof fand.

Die nach ihm benannte Straße entstand kurz nach dem Ersten Weltkrieg und bildet eine typische Kleinmietwohnungsstraße, aber der Baustil der Häuser unterscheidet sich von allen anderen, die zu jener Zeit in Gera entstanden. Die geschwungenen, spitzen Dachspitzen mit den runden Fenstern sind ein Markenzeichen dieser Häuser. Wie es für die Zwanzigerjahre üblich war, wurden sie mit Gärten zur Selbstversorgung versehen und vereinen damit das Motto „Licht, Luft, Natur".

Zentrum ohne Altstadt

Heinrichstraße

Den Namen erhielt die Heinrichstraße von den reußischen Landesherren, die die Eigenart hatten, ihre männlichen Nachkommen Heinrich zu nennen. Dabei wurde zwischen der jüngeren und älteren Linie bei der Zählung jeweils unterschieden. Entweder wurde chronologisch weitergezählt oder jeweils am Beginn eines neuen Jahrhunderts von vorn angefangen. Bei der reußischen Teilung im Jahr 1564 gelang das Gebiet um Gera zur jüngeren der zwischen drei Brüdern geteilten Linien. Damit die Herrschaft Reuß-Gera, die im 17. Jahrhundert die Reichsgrafenwürde erlangte.

Im Jahr 1802 erlosch die Linie mit Heinrich XXX., woraufhin die anderen jüngeren Linien von Reuß-Schleiz, Reuß-Lobenstein und Reuß-Ebersdorf das Gebiet gemeinsam regierten. Kurz darauf starb die Linie Reuß-Lobenstein mit Fürst Heinrich LIV. aus, und jenes Territorium wurde mit der Linie Reuß-Ebersdorf vereint.

Im Zuge der 48er-Revolution musste der letzte Regent von Reuß-Lobenstein-Ebersdorf, Heinrich LXXII., abdanken. Die Gebiete wurden schließlich in einem Gesamtvertrag unter der verbleibenden Schleizer Linie gebündelt. So entstand der Staat Reuß jüngerer Linie mit der Hauptstadt Gera. Heinrich LXII. verließ seine ehemalige Residenzstadt Schleiz und machte Gera, das bereits damals wirtschaftlich bedeutsam war, zum neuen Zentrum des Staates. Im Jahr 1902 übernahm Fürst Heinrich XIV. die Gebiete von Reuß älterer Linie, da der dortige Regent als regierungsunfähig erklärt wurde. Schließlich musste im Jahr 1918 der letzte Fürst von Reuß jüngerer und älterer Linie, Heinrich XXVII., wie alle anderen Bundesfürsten im Zuge der Novemberrevolution abdanken.

Die Heinrichstraße ist der Verkehrsknotenpunkt der Stadt Gera. Hier treffen sämtliche (Überland-) Bus- und Straßenbahnlinien zusammen, die in alle Himmelsrichtungen fahren. Zudem befinden sich dort die ARCADEN zum Shoppen sowie das H35 zur Amtserledigung vor Ort, die damit sehr günstig zu Fuß erreichbar sind.

Die Heinrichstraße ist eine Verlängerung der Straße des Friedens, die bis zur Reichsstraße verläuft. Am westlichen Ende der Heinrichstraße steht das COMMA, eine Kino- und Unterhaltungsstätte. Außerdem schließen sich sowohl Südbahnhof als auch der Park der Jugend mit der Trinitatiskirche an die zentrale Umsteigestelle an.

Nebenstehende Seite: Herr zu Gera: Heinrich II., genannt Posthumus – Gründer des Rutheneums

Darunter Fürst Heinrich XIV., der am Ende des 19. Jahrhunderts von Gera das Fürstentum Reuß jüngerer Linie regierte. Insbesondere in der neueren Geschichte wäre es interessant zu wissen, inwieweit die Reußen aktiv in das wirtschaftliche Geschehen des Fürstentums und vor allem der Stadt Gera eingriffen. Darüber gibt es allerdings kaum Informationen. Heinrich XIV. galt als liberal eingestellter Fürst.

Flanzstraße

Der Geheime Kammerrat Johann Jacob von Flanz (1743-1823) steht für diese Seitenstraße Pate, die an die Heinrichstraße grenzt. Er entstammte einer alten Adelsfamilie, die in verschiedenen Regionen, wie etwa Schlesien, Meißen oder Thüringen, wirkte. Johann Jacob von Flanz kam Ende des 18. Jahrhunderts in die aufstrebende Industriestadt und begründete am Mühlgraben eine Kattundruckerei (Baumwollgewebeverarbeitung). Weiterer Teilnehmer der Firma wurde 1798 Ernst Weber, der selbst eine Kattundruckerei leitete (siehe Ernst-Weber-Straße).

Flanz wohnte an der Ecke der heutigen Schlossstraße/Rudolf-Diener-Straße und ließ im Jahr 1784 einen Garten um sein Landhaus errichten. Später bezog Prinz Heinrich, der spätere Fürst Heinrich LXVII., das Quartier.

Manche Straßenschilder wurden nicht an Halterungen angebracht, sondern befinden sich an Hauswänden oder an mauern. Neben der Flanzstraße wurde beispielsweise auch das Schild der Taubestraße an eine Wand angebracht.

De Smit-Straße

Die De-Smit-Straße verläuft parallel zur Heinrichstraße. Benannt wurde sie nach dem Niederländer Nikolaus de Smit (1541–1623), der am Ende des 16. Jahrhunderts vom Landesherrn Heinrich II., genannt „Posthumus", nach Gera geholt wurde. De Smit wurde wegen seiner religiösen Einstellung zum Calvinismus aus den spanischen (katholischen) Niederlanden vertrieben und reiste durch Europa, bis er in Leipzig ankam. Als gelernter Kaufmann und Zeugmacher war De Smit oft auf der Leipziger Messe anwesend. Heinrich II. Posthumus schlug ihm vor, sein Wissen in Gera anzuwenden. So begründete der Niederländer in der Stadt die frühindustrielle Produktion von Woll- und Zeugwaren. Den eingesessenen Geraer Zeugmachern war De Smit zunächst nicht recht, da er sich in ihre wirtschaftlichen Angelegenheiten mischte.

Im 19. Jahrhundert entstanden in der Straße Fabriken, wie etwa die Tabakfabrik Wieprecht & Hauschild oder die Wollweberei Morand & Co. Des Weiteren wurden ein Reithaus und das Verlagshaus der Ostthüringischen Tribüne, einer regionalen Zeitung, gebaut. Bekannt ist weiterhin die Gaststätte Quisisana, die sich an der Ecke zur Neuen Straße in einem sehr opulent gestalteten Gebäude befindet.

Louis-Schlutter-Straße

Zwischen Heinrichstraße und De-Smit-Straße befindet sich die Louis-Schlutter-Straße. Benannt wurde sie nach dem Kommissionsrat Louis Schlutter (1825–1904), der am Ende des 19. Jahrhunderts das Realgymnasium in der Kurt-Keicher-Straße (heute zugehörig zum Zabelgymnasium) stiftete. Nachdem die Kinder des Ehepaars Schlutter noch vor den Eltern verstarben, investierten sie einen Teil ihres Vermögens in die Errichtung der Milbitzer Heilanstalt auf dem Märzenberg.

In der Straße befindet sich eine Fahrschule und repräsentative Gründerzeithäuser. Parallel verläuft die Eisenbahnlinie, die kurz nach der Louis-Schlutter-Straße in den Südbahnhof mündet.

Friedericistraße

Christian Ernst (1709–1780) und Christian Gottfried (1714–1777) Friederici gründeten im Jahr 1737 eine Orgel- und Pianofortebauanstalt. Der Ältere der Brüder verfeinerte die Mechanik des Hammerklaviers, das in der Zeit der Romantik um 1800 eine wichtige Rolle spielte. Auch der Dichterfürst Goethe schrieb in seinem Werk „Dichtung und Wahrheit", dass die Friederici-Klaviere bzw. Flügel durchaus Qualität hätten. In Österreich spielten Mozart und seine Schwester Nannerl auf solchen Klavieren. Die Straße führt ab der Gebrüder-Häußler-Straße bis zu den ARCADEN. Mit dem Straßennamen wird die Erinnerung an die Brüder und an ihr Unternehmen, das in dieser Straße entstand, wachgehalten.

Der Industrielle Dagobert Halpert gründete in den Zwanzigern eine Teppichfabrik, die an der Stelle des heutigen ARCADEN-Parkhauses errichtet wurde. Das Wohnhaus Halpert in der Kurt-Keicher-Straße ist eines der bedeutendsten Gebäude des Neuen Bauens in Gera und wurde vom berühmten Architekten Thilo Schoder errichtet.

Im Musikzimmer der Familie Goethe steht ein Pyramidenflügel, der im 18. Jahrhundert in Gera produziert wurde.

Bildnachweis:

https://de.wikipedia.org/wiki/Christian_Ernst_Friederici, 15.09.2020.

Gebrüder-Häußler-Straße

Von der Friedricistraße bis zur Ernst-Toller-Straße/Theaterstraße verläuft die Gebrüder-Häußler-Straße als große Hauptverkehrsstraße. Ihren Namen erhielt sie, da in der Nähe der Straße im Jahr 1859 die Gebrüder Friedrich (1794–1874) und Christoph Heinrich Häußler (1783–1858) eine Likörfabrik gründeten. Bereits am Markt 5 betrieb Christoph Heinrich ein Destillationsgeschäft, das später mit einem Materialwarengeschäft von Friedrich Häußler verbunden wurde. Ende des 19. Jahrhunderts benötigte die Eisenbahnverwaltung einen Teil des Häußler-Geländes im Bärenweg hinter dem Bahnhof. Die Fabrik wurde anschließend in den Eselsweg verlagert, womit sie immer noch an die Eisenbahn angebunden war.

Die Firma verkaufte ihre Erzeugnisse am Süßen Winkel auf dem Markt. Der Häußler-Bitter, ein besonderer Kräuterschnaps, wurde zum bekanntesten Produkt der Geraer Firma. „Ist dir's frostig – hast du's Zittern – trinke einen Häußler-Bittern" ist für dieses Produkt als Werbespruch bzw. Gedicht erfunden worden.

Der oben abgebildete Friedrich Häußler gründete mit seinem Bruder Christoph Heinrich die Häußler Spirituosenfabrik in Gera. Der Häußler-Bitter war bereits im 19. Jahrhundert das bekannteste Produkt.

Rudolf-Diener-Straße

Rudolf Diener (1904–1941) wurde Anfang der Zwanziger Mitglied der KPD und des Roten Frontkämpferbundes. Im Alter von 30 Jahren wurde er wegen Vorbereitung zum Hochverrat verurteilt und schließlich ins KZ Buchenwald verschleppt, wo er 1941 starb.

Die Straße hieß in früheren Zeiten u. a. Zeppelinstraße, woran das gleichnamige Café erinnert. Sehenswert sind neben dem ehemaligen Landtag (heutige Justiz) die sich in östliche Richtung erstreckenden Gebäude, die um 1900 entstanden und über beeindruckende Fassaden verfügen.

Nach dem Widerstandskämpfer Rudolf Diener wurde im Zentrum eine relativ lange Straße benannt. In der Stadt Gera wurden bedauerlicherweise viele Straßenschild überklebt oder überschmiert.

Gustav-Hennig-Platz

Vor dem Puppentheater befindet sich zwischen der Rudolf-Diener-Straße und der Amthorstraße der Gustav-Hennig-Platz. Benannt wurde er nach dem Bibliothekar Gustav Hennig (1868–1948), der zunächst ab 1898 in Leipzig die Bibliothek des Arbeiterbildungsvereins und ab 1907 das Leipziger Arbeiterbildungsinstitut leitete. Im Sommer 1919 wurde Hennig vom Staatsrat des neugegründeten Volksstaates Reuß zum Leiter der Volkshochschule in Gera ernannt.

Im Jahr 1920 gründete er die „Freie öffentliche Landesbücherei Gera", aus der sich die Stadt- und Regionalbibliothek entwickelte. Im Jahr 1933 wurde die Heimvolkshochschule geschlossen. Für seine Verdienste im antifaschistischen Dienst wurde ihm im Jahr 1947 der Professorentitel verliehen. Im Jahr 1988 erhielt die Stadtbibliothek in Lusan den Namen „Gustav Hennig".

Amthorstraße

Am 17. Juli 1820 wurde in Themar der Autor und Verleger Eduard Gottlieb Amthor geboren. Nach seinem Studium der Theologie und der orientalischen Sprachen wurde er Bibliothekar in Leipzig, bevor er im Staat Sachsen-Meiningen, genauer in der Stadt Hildburghausen, eine Handelsschule gründete. Im Jahr 1854 verlegte er diese nach Gera, wo sie zunächst am Kornmarkt einen Standort hatte, jedoch ab 1861 im ehemaligen Liebigschen Gartenhaus untergebracht war. Bis 1912 wurde die Schule als Privatschule von Amthors Kindern weitergeführt und existierte noch bis ins Jahr 1945.

Neben seinem Beruf als Schulleiter schrieb er Bücher über die Alpen, wie etwa den „Tirolführer". In Gera gründete er im Jahr 1867 eine Verlagsbuchhandlung. Am Ende des 19. Jahrhunderts wurde in Südtirol eine Bergspitze nach ihm benannt. Im Jahr 1884 starb Eduard Amthor, nach dem neben der Amthorstraße, die von der Clara-Zetkin-Straße bis zum Bahnhof führt, auch die Gedenkstätte Amthordurchgang und die Amthorpassage benannt wurde, in der sich ein Einkaufszentrum befindet.

Neben der Einkaufspassage, der Gedenkstätte Amthordurchgang erinnert auch der Straßenname an den Schulleiter und Schriftsteller Eduard Amthor.

Bielitzstraße

Parallel zur Amthorstraße verläuft etwas westlicher zwischen der Clara-Zetkin- und der Friedrich-Engels-Straße die Bielitzstraße. Benannt wurde sie nach dem Kommerzienrat Gustav Theodor Bielitz (1801–1858), der ab den 1830er Jahren eine Material-, Delikatessen- und Weinhandlung betrieb. Im Jahr 1858 wurde er von Fürst Heinrich LXVII. zum Kommerzienrat ernannt.

Gleichzeitig bemühte sich Bielitz erfolgreich darum, dass die Stadt Gera einen Anschluss an die Eisenbahn bekam. Ein Jahr nach seinem Tod wurde Gera ein bedeutender Halt der Eisenbahnstrecke Weißenfels – Gera. Passenderweise liegt die Bielitzstraße in der Nähe des Hauptbahnhofs.

In der Straße entstand Mitte des 19. Jahrhunderts die Maschinenbauanstalt und Eisengießerei von Ernst Moritz Jahr. Auf dem Gebiet der Bielitzstraße wurde ein Urnenfriedhof aus der Bronzezeit und der Eisenzeit ausgegraben. Zu DDR-Zeiten wurde das Gebäude der alten Fabrik Jahr stark verfremdet und als Unterkunft der SED-Bezirksleitung umfunktioniert.

Ernst-Weber-Straße

Von der Reichsstraße zweigt in östlicher Richtung die Ernst-Weber-Straße ab. Anfang des 19. Jahrhunderts entstand dort eine von Ernst Weber (1769–1834) errichtete Kattundruckerei. In ihrer Nähe befand sich eine alte Schmelzhütte, auf deren Grundstück eine Villa errichtet wurde. Die Villa Weber I war damit eine der ersten Villen in der Stadt Gera. Weber war einer der bedeutendsten Personen, die sich im 19. Jahrhundert mit der Volkswirtschaft auseinandersetzten.

Unter Zusammenarbeit mit den Ökonomen Friedrich List und Johann Jacob Schnell suchte Weber Kontakt zum österreichischen und preußischen Hof, um mit den dortigen Monarchen ein einheitliches Zollsystem für den 1815 gegründeten Deutschen Bund auszuarbeiten. Zu Beginn des Jahres 1834 trat der Deutsche Zollverein in Kraft, kurz bevor Weber starb. In der Straße befinden sich die Rentenversicherung und die Zufahrt zum Kino.

Heinrich-Knauf-Straße

Der langjährige Parteisekretär der SPD Heinrich Knauf (1870–1933) ist der Namensgeber dieser Straße, die sich von einem Einkaufskarree bis zum Sachsenplatz zieht. Nachdem er von 1907 bis 1908 die Parteischule der SPD besuchte, wirkte Knauf anschließend bis ins Jahr 1909 in Straßburg (damals zum Deutschen Reich gehörend) als Parteisekretär. Bereits im Jahr 1908 war Knauf als Redakteur der Geraer Volkstribüne tätig. Außerdem wurde er zu einem wichtigen Mitglied des „Bundes für Freunde Sowjetrusslands". Im Jahr 1933 verstarb der Politiker in Gera.

Schülerstraße

Vom Platz der Republik bis zur Erfurtstraße verläuft die Schülerstraße. Johann Heinrich Schüler (gestorben 1837 in Gera) war der Vater von Henriette Schüler, später Zabel, und begründete die Schülersche Konfirmanden-Stiftung auf dem Enziangrundstück.

Als Henriette Zabel im Jahr 1884 starb, trat die Stiftung ins Leben. Ursprünglich sollten nur die Kinder der Armenfreischule eingekleidet werden, doch später wurden auch Kinder der Bezirksschulen mit einbezogen. Im Jahr 1874 entstand die Enzianschule, die im Zweiten Weltkrieg zerstört wurde und heute als Staatliche Berufsschule Wirtschaft und Verwaltung genutzt wird.

Christian-Schmidt-Straße

In der Nähe der Heinrich-Knauf-Straße befindet sich die Christian-Schmidt-Straße. Für diese Straße steht der Textilarbeiter Christian Schmidt (1880-1939) Pate, der ebenfalls Vorsitzender des Ortsvereins der Geraer SPD und Gewerkschaftssekretär des Textilarbeiterverbandes war. Durch seinen Widerstand zur Zeit des Nationalsozialismus wurde er mehrfach verhaftet und schließlich im Jahr 1939 im Geraer Gefängnis erschlagen.

Anna-Schneider-Weg

Anna Schneider (1875–1953) war eine Geraer Weberin, die in verschiedenen Betrieben arbeitete. Als solche trat sie nahezu selbstverständlich in die SPD ein und war zur Zeit der Weimarer Republik von 1919 bis 1933 im Gemeinderat der Stadt Gera tätig, wo sie sich vor allem auf das Wohn- und Sozialwesen konzentrierte.

Im Jahr 1944 wurde sie verhaftet und musste für zwei Monate ins KZ Ravensbrück. In der Nachkriegsphase bis zur Gründung der DDR wirkte Schneider erneut im Stadtparlament und beteiligte sich am Aufbau der Volkssolidarität. Der Anna-Schneider-Weg befindet sich gegenüber der Schülerstraße.

Südostviertel

Richterstraße

Ihre Namensträgerin, Johanna Christiana Richter (1710–1793), war die Tochter des wohlhabenden Handelsherrn und Bürgermeisters Heinrich Günther Kretzsch. Dieser war Miteigentümer der Conradschen Wollwarenhandlung, die von dem ehemaligen Geraer Bürgermeister Balduin Conrad gegründet wurde. Sie heiratete den Kauf- und Handelsherrn Christian Gottfried Richter (Bild), der allerdings schon 1759 verstarb.

Das verbleibende Vermögen wurde von Johanna Richter für soziale Zwecke verwendet. So erhielten arme Schüler und Lehrerwitwen finanziellen Zuwendungen. Richter stiftete ebenfalls eine ca. 21 Zentner schwere Glocke für die wiederaufgebaute Salvatorkirche, die im Jahr 1917 für die Rüstung des Ersten Weltkrieges eingeschmolzen wurde. Die Straße verläuft von der Nicolaistraße bis zur Robert-Koch-Straße und ist stark befahren. Ende des 19. Jahrhunderts wurde dort die Lutherschule, die heutige Berufsbildende Schule Technik, im Klinkerstil errichtet.

Liebestraße

Von der Plauenschen Straße bis Schillerstraße/Turmstraße/Zschippernweg verläuft die nach Professor Karl Theodor Liebe (1828 –1894) benannte Straße. Trotz seines Studiums der Theologie an der Universität in Jena befasste er sich zeitlebens mit den Naturwissenschaften und der Mathematik. Diese Fächer lehrte er auch am Geraer Gymnasium.

Einen Namen machte Liebe sich als Geologe und Ornithologe. Als Herausgeber der „Ornithologischen Monatsschrift des Deutschen Vereins zum Schutze der Vogelwelt" legte er den Grundstein der deutschen Vogelforschung. Liebe war zudem Mitbegründer der Allgemeinen Turngemeinde, Redner im Gewerbeverein, Gemeinderatsmitglied und erster Vorsitzender der Gesellschaft von Freunden der Naturwissenschaften in Gera.

Taubestraße

Verhältnismäßig kurz verläuft die Taubestraße zwischen der Plauenschen Straße und endet als Kurve in der Robert-Blum-Straße. Benannt wurde sie nicht nach dem Vogel, sondern nach dem Geraer Carl August Taube (1820–1890). Dieser besaß in der nahegelegenen Geschwister-Scholl-Straße eine Senffabrik. In der Straße selbst ist im Gegensatz zum restlichen Südostviertel keine enge Bebauung zu finden.

Wartenburgstraße

Parallel zur Taubestraße verläuft die ebenso kurze und wenig bebaute Wartenburgstraße. Ihr Namensgeber war der Schriftsteller Karl Anton Wartenburg (1826–1889). Nach dem Besuch des Geraer Gymnasiums und einem anschließenden Jurastudium war er Teilhaber an der 48er Revolution und wurde zu zweieinhalb Jahren Haft verurteilt. Im Jahr 1858 kehrte Wartenburg nach Gera zurück und war als Zeichner und Autor tätig.

Im Jahr 1861 gründete er den Arbeiterbildungsverein, der zwei Jahre später an den „Verein Deutscher Arbeitervereine" angeschlossen wurde. Dieser hielt seinen IV. Vereinstag im Rathaus der Stadt Gera ab und kein Geringerer als August Bebel wurde zum Verbandspräsidenten gewählt. Karl Wartenburg führte den Vorsitz des Geraer Arbeiterbildungsvereins.

Später wurde er Bürgerschaftsvertreter und hatte dort die gesundheitspolitische Überwachung eines Geraer Stadtbezirkes inne. Von 1871 bis zu seinem Tod 1889 war er als Mitglied des Landtages von Reuß jüngerer Linie tätig. Außerdem gründete er in Gera die linksliberale Deutsche

Fortschrittspartei. Zwischen 1874 und 1884 war er zudem Redakteur des „Geraischen Tagblattes", das Interessen der Kleinbürger vertrat.

Tschirchstraße

Wilhelm Tschirch wurde Mitte des 19. Jahrhunderts Musikdirektor und Chordirigent in Liegnitz. Im Jahr 1852 wurde er Musiklehrer, Kapellmeister, Musikdirektor sowie Gesangslehrer am heutigen Goethe-Gymnasium. Neun Jahre später wurde seine Oper „Meister Martin und Gesellen" in Leipzig mit großem Erfolg aufgeführt. Es folgte eine für Tschirch erfolgreiche Tournee durch die USA. In Gera beendete er seine Lehrertätigkeit am Gymnasium im Jahr 1882 und starb zehn Jahre später. Im Jahr 1933 wurde das für Tschirch 1894 eingeweihte Denkmal vom Neustadtplatz in den Park der Jugend versetzt. Kurze Zeit später wurde es für Kriegszwecke eingeschmolzen.

Die Straße verläuft ab der Robert-Blum-Straße bis zur Gabelsbergerstraße bzw. Colliser Straße und weist die typische Mietskasernenbebauung auf, die in Gera kurz nach der Reichsgründung im Jahr 1871 einsetzte.

Ostviertel/Leumnitz

Freitagstraße

Von der Bauvereinstraße bis zur Quellenstraße zieht sich die relativ lange Freitagstraße. Der Schlossermeister Johann Gottfried Freitag (1724–1811) ist der Namenspatron dieser Straße im Ostviertel. Bereits als Jugendlicher stellte er dreifach verschließbare Schlösser her und verkaufte sie auf der Leipziger Messe. Nach dem Tod seines Vaters übernahm er dessen Schlosserwerkstatt und erwarb zudem das Meisterrecht. Freitag war sehr begabt: So erfand er eine spezielle Appreturpresse für einen Geraer Unternehmer, eine Lohmalmühle, um größere Mengen Tabak zu verarbeiten, und konstruierte sogar eine Buchdruckerpresse. Einer seiner bedeutenden Erfindungen war die für den Geraer Rat erfundene Feuerspritze mit speziellem Drucksystem.

Im September 1780 vernichtete der Große Brand der Stadt Gera auch Freitags Werkstatt und er konnte bis ins 19. Jahrhundert nur noch kleine Aufträge bearbeiten. Im Jahr 1811 starb er als damals ältester Bürger der Stadt. Die

Freitagstraße kennzeichnet sich vor allem durch die eng aneinander errichteten Mietshäuserreihen.

Ferbers Anbau/Am Ferberturm

Die Straße Ferbers Anbau verläuft von der Bauvereinstraße bis zur Hohen Straße, und die Straße „Am Ferberturm" liegt unmittelbar am Ferberturm auf der Ronneburger Höhe. Der Ferberturm wurde im Auftrag von Moritz Rudolph Ferber (1805–1875) erbaut. Dieser war von 1828 bis zu seinem Tod der technische Leiter der Kammwollweberei Morand & Co. Im Jahr 1833 stellte Ferber in dieser Fabrik die erste Dampfmaschine Geras auf. Sechs Jahre später errichtete er eine Dampffärberei in Gera. Nebenbei widmete er sich der Mineralogie und Ferbers Sammlung war eine der bedeutendsten der Zeit. Von Fürst Heinrich XIV. wurde er zum Geheimen Kommerzienrat ernannt. Der Geraer Industrielle hinterließ der Stadt neben dem bis heute existierendem Ferberturm wertvolle Stiftungen, die sich für das soziale Engagement ärmerer Familien einsetzten.

Die Bebauung der Straße Ferbers Anbau wurde von Moritz Rudolph Ferber gefördert. Jedoch hatte die Ferber-Dynastie weitere erwähnenswerte Mitglieder, die in der Geraer Wirtschaft tätig waren.

Der Geheime Kommerzienrat Walter Ferber (1830–1895) stiftete beispielsweise die Orgel der im Jahr 1885 eingeweihten Johanniskirche oder den heute noch sehenswerten Botanischen Garten. Sein Neffe, der Kommerzienrat Hermann Ferber, wurde ebenfalls Teilhaber der Firma Morand & Co. und ließ sich eine repräsentative Villa hinter dem Tivoli errichten, die an ein prächtiges englisches Landhaus erinnert. Das hohe Mansarddach erinnert dabei stark an die in der Goethestraße errichtete Villa Helene. Hermanns Bruder Alfred Ferber (1857–1940, ebenfalls Kommerzienrat) wohnte in der Villa Münch I, dem ehemaligen Kreisgericht. Zusammen mit Ernst Paul Kretschmer verfasste er eine umfassende Publikation über die Familie Ferber.

Bilderklärung:

Linke Person, S. 132: Hermann Ferber – Enkel von Moritz Rudolph Ferber.

Rechte Person, S. 132: Alfred Ferber – Enkel von Moritz Rudolf Ferber; Bruder von Hermann Ferber.

Linke Villa, S. 132: Villa Nägler/Ferber – Wohnort von Hermann Ferber.

Rechte Villa, S. 132: Villa Münch/Ferber – Wohnort von Alfred Ferber.

Nestmannstraße

Die nach dem Kaufmann Johann Friedrich Nestmann (1779–1858) benannte Straße verläuft von der Altenburger Straße bis zur Laasener Straße bergauf. Nestmann gehörte zu den Mitbegründern der Geraer Freimaurerloge „Archimedes zum ewigen Bunde" und starb hoch angesehen in der Stadt.

Friedrich-Bartels-Straße

Von der Altenburger Straße bis zur Leumnitzer Straße verläuft die nach einem Direktor der Geraer Bürgerschule benannte Friedrich-Bartels-Straße. Dieser lebte von 1837 bis 1902 und befasste sich zeitlebens mit der Pädagogik. Bartels war Schriftsteller und gab diverse Lesebücher heraus. Bis zu seinem Tod wirkte er auch als Direktor der Gewerblichen Fortbildungsschule.

Walther-Stötzner-Straße

Der Forschungsreisende Walther Stötzner (1882–1965) ist der Namenspatron dieser Verbindungsstraße zwischen Altenburger Straße und Wilhelm-Filchner-Straße. Seit Anfang des 20. Jahrhundert bis in die späten Zwanziger reiste Stötzner u. a. nach Turkestan, Persien, Tibet und die Mandschurei. Gleichzeitig kartographierte er die bereisten Gebiete und verfasste ein Werk über seine Tibet-Reise im Jahr 1924, das in Leipzig verlegt wurde.

Ebenfalls in den Zwanzigerjahren schenkte der Geraer Forscher dem Stadtmuseum eine Schmetterlings- und Käfersammlung, die bedauerlicherweise im Zweiten Weltkrieg vernichtet wurde. Ein Buddha aus Bronze wurde kurz vor Stötzners Tod dem Stadtmuseum vermacht und ist heute immer noch zu begutachten.

Heinrichsgrün

Heinrich-Schütz-Straße

Nach dem Vater der deutschen Musik wurde die von der Straße des Friedens bis zur Lortzingstraße verlaufende Straße im Quartier Heinrichsgrün benannt. Heinrich Schütz (1585–1672) wurde im nahe bei Gera gelegenen Köstritz geboren und wuchs in Weißenfels auf. Der reußische Landesherr Heinrich II. „Posthumus" lernte den Komponisten im Jahr 1615 am Dresdner Hof kennen. Vom sächsischen Kurfürsten war er nach Dresden geholt worden, verweilte aber dank der Förderung Posthumus' mehrmals auf dem Schloss Osterstein.

Als dieser im Jahr 1635 starb, komponierte Schütz für die Beisetzung Anfang Februar 1636 die sogenannten „Exequien". Hierbei wurden evangelische Verse, die den goldenen Sarg des Reußen zierten vertont und von einem Chor bis zur Johanniskirche am Gymnasium illustre begleitet.

Wilhelm-Herfurth-Straße

Wilhelm Herfurth (1825–1906) war langjähriger Geraer Stadtmusikdirektor und einer der bedeutendsten Geraer, der die musikalische Szene in der Stadt prägte. Bevor er nach Gera kam, wirkte er in Holland, Belgien und Leipzig, wo er Direktor der uniformierten Kommunalgarde wurde. Von 1859 bis ins Jahr 1895 war er im Geraer Musikwesen tätig. Herfurth leitete u. a. die Konzerte der Schützengesellschaft und komponierte eigene Werke, die u. a. in Karlsbad aufgeführt wurden.

Die Straße führt durch die Kleingartensiedlung Heinrichsgrün bis zum Stadtwald, wo sie an einer Gaststätte endet. Es ist dem Autor nicht gelungen, das Straßenschild zu finden. Deshalb bleibt hier die Fotografie aus.

Debschwitz

Prof.-Simmel-Straße

Die Prof.-Simmel-Straße verläuft von der Straße des Friedens bis zur Arminiusstraße. Der Mediziner Hans Simmel (1891–1943) war der einzige Sohn des Berliner Soziologen Georg Simmel. Nach langjähriger Tätigkeit als Oberarzt in der Jenaer Poliklinik übernahm Hans Simmel im Jahr 1928 die Chefarztposition der Inneren Medizin am Städtischen Krankenhaus Gera. Ein Jahr später beauftragte er den in Gera wirkenden Architekten Thilo Schoder zum Bau einer kleinen Villa. Diese steht in der Vollersdorfer Straße und wurde im skandinavischen Stil mit Holzleisten erbaut (siehe Bild).

Gegen Ende der Weimarer Republik war Simmel, der jüdische Vorfahren hatte, bereits ab dem Jahr 1931 Angriffen von Seiten der Nationalsozialisten ausgeliefert. Simmel verbat ihnen die Auslegung der NS-Presse „Geraer Beobachter". Als Thüringen eine erste nationalsozialistische Landesregierung bekam, beschloss diese die Entlassung Simmels. Erst nach der Ernennung Hitlers als

Reichskanzler im Januar 1933 wurde Simmel im März desselben Jahres wegen staatsfeindlicher Äußerungen in Schutzhaft genommen und wenig später aus dem Geraer Krankenhaus entlassen. Simmel zog daraufhin nach Stuttgart, wurde jedoch im Jahr 1938 von Nationalsozialisten ins KZ Dachau verschleppt. Nachdem er von dort im Jahr 1939 entlassen wurde, emigrierte er in die USA, wo er vier Jahre später an der Folge der seelischen Belastungen starb.

Hans Simmel gilt bis heute als einer der bedeutendsten Mediziner der Stadt Gera. Er lieferte Forschungsergebnisse zu verschiedenen medizinischen Thematiken, wie etwa der roten Blutkörperchen oder der Rheumatologie. Nach Simmel wurde das größte der sandsteingelben Häuser im Geraer Krankenhausgebiet benannt.

Rudolf-Scheffel-Straße

Die nach dem Geraer Widerstandskämpfer Rudolf Scheffel (1901–1943) benannte und mit Jugendstilhäusern bebaute Straße verläuft von der Wiesestraße bis zur Haeckelstraße. Scheffel war von 1916 bis 1922 kommunaler Verwaltungsanwärter und Verwaltungsgehilfe in den Städten Gera und Gerbstedt. Von 1923 bis 1924 war er als Sachbearbeiter und Registraturgehilfe im Thüringischen Volksbildungsministerium in Weimar tätig. Scheffel war bereits ab 1922 Mitglied der KPD und verlor deshalb im Jahr 1924 seine Arbeitsstelle. Daraufhin wirkte er bei der „Neuen Zeitung" in Jena als Buchhalter.

Von September 1924 bis Dezember 1926 nahm Scheffel das Amt des Geschäftsleiters bei der „Ostthüringer Arbeiterzeitung" wahr. Später wurde er nach Berlin gerufen und arbeitete dort beim Verlag „Junge Garde". Nach der Ernennung Hitlers zum Reichskanzler im Januar 1933 war Scheffel im Widerstand tätig. Neun Jahre später wurde er von den Nationalsozialisten verhaftet, im August 1943 zum Tode verurteilt und einen Monat später in Berlin-Plötzensee hingerichtet.

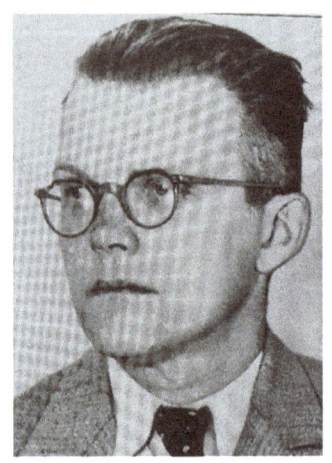

Louis-Metz-Weg

Von der Arminiusstraße verläuft bis zum Johann-Sieckmann-Weg der Louis-Metz-Weg. Louis Metz (1802–1882) wurde ursprünglich zum Nadlergehilfen ausgebildet, doch sein Interesse galt nebenbei der Astronomie. Im Jahr 1844 wurde er Stadtverordneter und war bis 1866 Mitglied des Stadtrates sowie stellvertretender Bürgermeister. Er arbeitete zugleich als Verwalter des Geraer Stadtwaldes.

Metz erwarb sich im Forstwesen der Haupt- und Residenzstadt Gera große Verdienste. Im Jahr 1872 wurde im Stadtwald auf der nach ihm benannten Metzhöhe am Hainberg ein hölzerner Aussichtsturm erbaut. Dieser wurde jedoch wieder abgerissen und es entstand der heutige aus Stein bestehende Gladitschturm. Für den Förster Metz wurde allerdings in der Nähe eine steinerne Säule errichtet, sodass neben dem Straßennamen ein weiteres Monument an ihn erinnert.

Robert Leube-Weg

Der Lehrer Robert Leube (1866–1938) stammte aus Pößneck und kam im Jahr 1887 nach Gera, wo er an der ersten Bürgerschule lehrte. Kurz darauf wurde er Realoberlehrer an der Geraer Mittelschule auf dem Nicolaiberg.

Nach dem Tod des Kaufmanns Walter Ferber im Jahr 1895 stand die Freifläche in der heutigen Nicolaistraße zur Verwandlung in einen Botanischen Garten zur Verfügung. Leube entwickelte mit mehreren Botanikern und Lehrern einen Plan zur Gestaltung des ersten Botanischen Gartens in der Stadt Gera. Von 1897 bis 1909 wurde er zu dessen Leiter benannt und präsentierte im Jahr 1900 den ersten Gartenführer. Im Jahr 1913 errichtete Leube eine Abteilung zur Botanik im Städtischen Museum.

Der Lehrer befasste sich allerdings auch in seiner Freizeit mit der Natur. So trat er dem 1885 gegründeten Prießnitzverein bei, der sich mit naturgemäßer Gesundheitspflege und arzneiloser Heilkunde in Gera befasste und dessen Vorsitzender Leube lange Zeit war. Sein Verdienst war es auch, dass in Debschwitz ein Luft-, Licht- und Sonnenbad entstehen konnte, das später auf die Luisenhöhe verlegt wurde.

Der nach ihm benannte Weg verläuft durch das Neubaugebiet Debschwitz ab der Arminiusstraße als Sackgasse in nördliche Richtung.

Hugo-Eck-Weg

Parallel zum Robert-Leube-Weg verläuft nördlich davon der Hugo-Eck-Weg. Eck (1846-1904) war zunächst von 1866 bis 1872 in Adorf im Vogtland als Ratsförster tätig, bevor er dieselbe Tätigkeit in Gera ausübte. Dabei sammelte er zahlreiche Kenntnisse über die Verwaltung von Forstgebieten. Auch sein Wissen zur Kultivierung verschiedener unbewaldeter Flächen und der Buch- und Rechnungsführung war für ihn in seinem Arbeitsgebiet von großem Vorteil.

Im Jahr 1898 wurde er mit dem Titel „Oberförster" ausgezeichnet. Eck arbeitete zudem mit dem Geraer Verschönerungsverein zusammen und legte mit diesem neue Wanderwege an. Zugleich sorgte er für die Errichtung der Aussichtstürme Gladitschturm und Fuchsturm.

Walter-Erdmann-Straße

In Richtung Fuchsturm verläuft die mit zwei sehenswerten Bauhaus-Häusern von Thilo Schoder bebaute und nach dem Kommunisten Walter Erdmann (1912–1945) benannte Straße. Erdmann arbeitete zunächst als Weber und organisierte sich im Jung-Spartakus-Bund. Von 1933 bis 1935 leitete er den Kommunistischen Jugendverband Deutschlands, druckte illegale Schriften und verteilte sie in Gera. Als Konsequenz wurde er im Jahr 1935 zunächst zu sechs Jahren Zuchthaus verurteilt und anschließend ins KZ Buchenwald verschleppt. Dort erlebte er die Befreiung im April 1945, verstarb jedoch an den Folgen seiner Haft im August 1945.

Jenssenweg

Von der Walter-Erdmann-Straße biegt der Jenssenweg in östliche Richtung ab. Otto Jenssen (1883–1963) war der Sohn eines hannoverschen Zeitungsverlegers. Aufgrund einer Hornhauttrübung, die als Folge einer Augenentzündung entstand, wurde er fast blind. Jenssen besuchte drei Jahre in Hannover die Provinzial-Blindenanstalt. Daraufhin studierte er an den Universitäten Göttingen und Berlin die Fächer Geschichte, Soziologie und Nationalökonomie. Er trat in die SPD ein und besuchte die Parteischule, wo er Vorträgen von Rosa Luxemburg und Franz Mehring lauschte. Im Jahr 1921 wurde er in der Heimvolkshochschule im Schloss Tinz eingestellt, wo in den Zwanzigern verschiedene politische Persönlichkeiten wie Alfred Braunthal oder Ernst Fraenkel lehrten.

Jenssen publizierte in seiner Zeit als Lehrer bis zum Beginn der NS-Diktatur mehrere Artikel in der Ostthüringer Tribüne und schrieb mehrere Bücher und Artikel in verschiedenen wissenschaftlichen Zeitschriften (z. B. in den Monistischen Monatsheften). Während der Zeit des Nationalsozialismus war Jenssen in der Widerstandgruppe

„Neu-Beginnen" aktiv und wirkte nach 1945 bei der erneuten Gründung der SPD mit. Von 1945 bis 1950 war er Leiter der Pädagogischen Fachhochschule für Geschichte in Gera, wo er Neulehrer ausbildete. Im Jahr 1948 wurde Jenssen für seine Leistungen den Professorentitel verliehen.

Eiselstraße

Von der Arminiusstraße bis zur Lusaner Straße verläuft die Eiselstraße. Benannt wurde sie nach dem Geraer Naturforscher Robert Eisel (1826–1917). Dessen Vater Karl begründete am Geraer Gymnasium die naturwissenschaftliche Sammlung. Er war es, der seinem Sohn die Natur näherbrachte. Robert Eisel machte zunächst eine Ausbildung zum Kaufmann in der Geraer Firma Morand & Co.

Nach einer 40jährigen Dienstzeit erhielt er eine recht ansehnliche Rente, wodurch er sich in seinem Ruhestand mit verschiedenen Bereichen der Geraer Heimatforschung befassen konnte. Unter anderem war Eisel bis 1895 Leiter des Städtischen Museums Geras.

Im Jahr 1871 publizierte er das Sagenbuch des Vogtlandes, das bis heute eine wesentliche Quelle der Heimatkunde Geras darstellt. Auch seine Beiträge zur Vor- und Frühgeschichte im ostthüringischen Gebiet, zum Bergbau und zur allgemeinen Geologie sind nach wie vor unverzichtbar für die Naturkunde der Region. Die Stadtchronisten Hahn und Kretschmer beziehen sich in ihren Werken ebenfalls auf Eisel.

Ferdinand-Hahn-Straße

Von der Arminiusstraße zweigt eine Straße ab, die nach dem Hofbibliothekar Ferdinand Hahn (1817–1890) benannt wurde. Hahn erlernte den Beruf eines Porzellanmalers, doch als der Porzellanabsatz zurückging, wurde er vorläufig arbeitslos. Nebenbei eignete sich Hahn Wissen zur Geschichte an. Im April 1848 war er Mitbegründer der konservativen „Vogtländischen Zeitung", die nur eine kurze Zeit bestand und schließlich in die „Fürstliche Reußische-Geraische Zeitung" aufging.

Hahn war ebenfalls als Lehrer an der Amthorschen Handelsschule tätig und wurde anschließend von Fürst Heinrich LXVII. zum Hofbibliothekar ernannt. In den Jahren 1849 bis 1855 veröffentlichte er seine „Geschichte von Gera und dessen nächster Umgebung". Darin schildert er vor allem die Verhältnisse in Gera zu Beginn des 19. Jahrhunderts, bevor sich das Stadtbild ab den 1860er Jahren langsam und schließlich im Deutschen Kaiserreich rasant wandelte.

Wiesestraße

Die Wiesestraße ist eine der bedeutendsten Straßen Geras, in der die Linie 3 Richtung Bieblach-Ost und Lusan verkehrt und insgesamt vier Mal hält. Debschwitz entwickelte sich um 1900 als reiner Arbeiterstandort, weshalb es bereits 1892 mit einer elektrischen Straßenbahn an das Zentrum angeschlossen wurde. Erst relativ spät, nämlich 1912, wurde der Vorort nach Gera eingemeindet. Markant sind vor allem die hohen Arbeitermietskasernen bzw. Bürgerhäuser, die nach wie vor Geschäfte beherbergen.

Benannt wurde die von der Nürnberger Straße bis zur Spielwiese verlaufende Straße nach Dr. Georg Walter Vincent von Wiese (1769–1824). Er stammte aus Rostock und studierte dort Jura, bevor er in Göttingen Vorlesungen hielt. Im Jahr 1793 rief ihn Graf Heinrich XXX. von Reuß-Gera in sein Territorium. Wiese war fortan als Hofrat, Konsistorialassessor und Inspektor des Gymnasium Rutheneum tätig. Im Jahr 1802 starb die Linie Reuß-Gera im Mannesstamm aus, sodass das Gebiet von den Linien Reuß-Schleiz, Reuß-Lobenstein und Reuß-Ebersdorf gemeinsam verwaltet wurde.

Im Jahr 1806 wurde Wiese Vizekanzler im reußischen Territorium. Für seine besonderen Verdienste wurde er von Kaiser Franz I. in den Adelsstand erhoben. Auf dem Wiener Kongress, der die Neuregelung der europäischen Territorien nach den Napoleonischen Kriegen bestimmte, vertrat von Wiese das Haus Reuß und wurde nach dem Tod des reußischen Kanzlers von Eychelberg selbst Kanzler.

Von Wiese stiftete in seinem Testament dem Geraer Gymnasium eine Summe von 6400 Talern, dessen Zinsen für die Schule selbst, aber auch für die besten lateinischen Klassenarbeiten genutzt werden sollte. Von Wiese stiftete dieselbe Summe für einen „Bürgerrettungs- und Industrie-Beförderungs-Institut für die Stadt Gera". Im Jahr 2003 konnte die Wiese-Stiftung ihren jahrelangen ruhenden Betrieb wieder aufnehmen.

Krankenhaus

Dr.-Schomburg-Straße

Im Ärzteviertel, das sich bis zur Westvororte zieht, findet sich am Krankenhausberg die Dr.-Schomburg-Straße. Sie ist die einzige, die in diesem Viertel nach einem in Gera wirkenden Arzt benannt wurde. In ihrem Verlauf knickt sie einmal in westliche Richtung ab, führt am ehemaligen Haupteingang des Städtischen Krankenhauses vorbei und führt schließlich erneut auf die Stadtrodaer Straße. Der andere Straßenteil verläuft bis zum Ernseer Teich.

Hermann Schomburg (1852–1943) studierte Medizin an der Universität Jena. Als Arzt ließ er sich im Jahr 1883 in Gera nieder und arbeitete ab 1891 als Assistenzarzt im alten Krankenhaus. Zehn Jahre später übernahm er als „Geheimer Sanitätsrat" die Leitung des Städtischen Krankenhauses. Er sah es als problematisch an, dass das Krankenhaus inmitten der industriell geprägten Stadt lag, und war der Meinung, dass die Patienten dadurch nicht effektiv genesen konnten. Darum fragte Schomburg im Jahr 1905 beim Geraer Stadtrat unter Oberbürgermeister Ernst Huhn an, ob ein Neubau im Stadtwald möglich wäre.

Interessanterweise stimmte die konservative Stadtregierung gegen den Vorschlag und begründete dies damit, dass die wohlhabenden Menschen der Stadt die erst 1899 eröffneten Milbitzer Heilanstalten nutzen könnten. Erst im Jahr 1911, als die Sozialdemokraten eine Zweidrittelmehrheit im Stadtrat erhielten, konnte ein Neubau im Geraer Stadtwald realisiert werden. Durch den Ersten Weltkrieg von 1914 bis 1918 konnte der Bau erst im Jahr 1920 endgültig abgeschlossen werden.

Schomburg war bis 1921 der erste Leiter des Städtischen Krankenhauses im Geraer Stadtwald. Nach ihm wurde im Krankenhauskomplex ein kleines der unteren Verwaltungshäuser benannt, wodurch neben der Straße ein zweites Andenken an ihn wachgehalten wird. Zugleich wurde in der Straße vom Architekt Paul Schraps ein dreistufiges Gebäude des Neuen Bauens errichtete, das als Wohnhaus der Schwestern diente.

Dürrenebersdorf

Kraftstraße

Über die kurze Straße in Dürrenebersdorf ist lediglich bekannt, dass sie an eine dort alteingesessene Familie erinnert. Genaueres findet sich nirgends in der Literatur.

Lusan

Uhlstraße

Von der Wiesestraße verläuft in östliche Richtung die nach Professor August Uhl (1878–1927) benannte Straße. Nach einem Studium in Gießen, Würzburg und Berlin ging Uhl als Lehrer an das Geraer Realgymnasium. Nebenbei widmete er sich sozialen Fragen in der Stadt Gera. Er publizierte im Jahr 1913 die Ergebnisse einer Umfrage mit dem Titel „Die unternormalen Wohnungen in Gera und ihre Bewohner". Mit dem Arzt Clemens Weisker (nach dem ein Haus des Geraer Klinikums benannt wurde) gründete Uhl im Jahr 1911 den Gemeinnützigen Bauverein für Reuß j. L. Ein Jahr später wurde er Mitglied der im Jahr 1908 gegründeten Geraer Baugenossenschaft für Beamte und Arbeiter. Von 1921 bis zu seinem Tod im Jahr 1927 war Uhl Aufsichtsratsvorsitzender dieser Genossenschaft. Noch heute besteht sie unter dem Namen GWG fort.

Karl-Matthes-Straße

Zwischen der Heeresbergstraße und der Nürnberger Straße zieht sich die sehr lange Karl-Matthes-Straße. Der Kommunist Karl Matthes (1867–1950) war einer der Mitbegründer der Geraer KPD im Jahr 1919. Bis 1930 war er im Gemeinde- bzw. Stadtrat als Abgeordneter tätig. Im Jahr 1920 beteiligte sich Matthes am Kapp-Putsch. Noch im Alter von 74 Jahren wurde er im Jahr 1941 verhaftet und ins Zuchthaus eingeliefert. Nach dem Zweiten Weltkrieg zog er sich weitgehend aus der Geraer Politik zurück.

Auerbachstraße

Von der Otto-Rothe-Straße bis zur Karl-Matthes-Straße verläuft die nach dem Geraer Museumsdirektor Alfred Auerbach (1864–1938) benannte Auerbachstraße. Neben seinem Lehrerberuf war Auerbach ab 1895 neben- und ab 1924 hauptberuflich im Geraer Stadtmuseum tätig.

Er war einer der bedeutendsten Kenner der Ur- und Frühgeschichte Ostthüringens. Sein Werk „Die vor- und frühgeschichtlichen Altertümer Ostthüringens", das im Jahr 1930 in Jena erschien, gilt noch heute als ein klassisches Standardwerk dieser Thematik. Nebenbei war Auerbach in verschiedenen Geraer Vereinen wie der Gesellschaft der Geraer Naturfreunde oder dem Museums- und Geschichtsverein tätig.

Otto-Rothe-Straße

Von der Karl-Matthes-Straße zweigt ebenfalls die Otto-Rothe-Straße ab. Auch Rothe (1884–1935) gehörte zu den Mitbegründern der Geraer KPD und des 1924 entstandenen Rotfrontkämpferbundes. Von den Nazis wurde er im Jahr 1935 verhaftet und starb kurz darauf im Geraer Gefängnis.

Werner-Petzold-Straße

Werner Petzold (1910–1941) war Mitglied des Kommunistischen Jugendverband Deutschlands und ab 1927 Mitglied der KPD. Auch er gehörte zu den Widerstandskämpfern des NS-Regimes, wurde anschließend verhaftet und starb als Mitglied der Strafkompanie an der Ostfront im Zweiten Weltkrieg. Die nach ihm benannte Straße kreuzt die Nürnberger Straße und zieht sich in südliche Richtung bis nach Oberes Dorf in Röppisch.

Zopfstraße

Johann Caspar Zopf (1650–1693) war neben seiner Tätigkeit als Pfarrer in Saalburg einer der ersten bedeutenden Chronisten der Stadt Gera. Ende des 17. Jahrhunderts übernahm er die Stelle des Hofpredigers auf Schloss Osterstein und im Jahr 1692 erschien seine „Reußische Gerauische Stadt- und Land-Chronica", womit die erste Geschichte Geras verschriftlicht wurde.

Interessanterweise lobt er ausdrücklich die Arbeit der reichen Kauf- und Handelsmänner der Stadt Gera. Sie sollen ein „Denkmal" erhalten, so Zopf weiter. Damit wird deutlich, dass der Einfluss der Kaufleute nicht erst mit den Industriellen im 19. Jahrhundert. Die nach ihm benannte Straße befindet sich zwischen Oberes Dorf in Röppisch und der Nürnberger Straße in Lusan.

Felbrigstraße

Die nach Carl Gottfried Felbrig (1747–1829) benannte Straße verläuft von der Werner-Petzold-Straße bis zur Otto-Worms-Straße. Felbrig gehörte wie Zopf, Harnisch oder Fürbringer zu den klassischen Chronisten Geras und fasste in sechs Bänden die Stadtgeschichte zusammen. Der Geschichtsschreiber gehörte auch zu den ersten Geraer Kartographen.

Seydelstraße

Der Geraer Naturforscher Johann Christian Seydel (1817–1885) stand für diese Straße Pate. Als Freund des Forschers Robert Eisel arbeitete er die physikalischen und biologischen Grundlagen der Natur auf und hielt sie anschließend in einer Sammlung fest.

Bei der Schenkung der Sammlung an die Stadt Gera sollte auch ein Museum errichtet werden, das im Jahr 1882 am Amthordurchgang verwirklicht wurde. Dabei handelte es sich um das erste städtische Museum Geras. Die Seydelstraße verläuft parallel zur Felbrigstraße bis zur Zopfstraße.

Otto-Worms-Straße

Otto Worms (1913–1943) war Widerstandskämpfer in Hermsdorf und arbeitete dort mit sowjetischen Kriegsgefangenen zusammen. So verhalf er beispielsweise Naum Spektor zur Flucht. Als Konsequenz wurde er daraufhin von den Nationalsozialisten verhaftet und anschließend erschlagen. Die nach ihm benannte Straße verläuft von der Werner-Petzold- bis zur Zopfstraße.

Karl-Wetzel-Straße

Die Karl-Wetzel-Straße verläuft von der Nürnberger Straße bis zur Zopfstraße. Benannt wurde sie nach dem Unterbezirksleiter der Sozialistischen Arbeiterjugend Karl Wetzel (1907–1944). Mit 20 Jahren wurde er Mitglied der SPD, wurde in der Zeit der Nationalsozialisten verhaftet und starb bei einem Einsatz im Strafbataillon 999.

Jener Karl Wetzel ist nicht mit dem Industriellen und Kommerzienrat Karl Wetzel zu verwechseln. Dieser führte in Gera eine Werkzeugmaschinenfabrik und besaß in Gera neben einem Wohnhaus in Heinrichsgrün eine große, grüne Villa in der Vollersdorfer Straße mit einem parkähnlichen Garten.

Rudolf-Hundt-Straße

Ab der Karl-Wetzel-Straße verläuft die nach dem Naturforscher Rudolf Hundt (1889–1969) benannte Straße. Bekanntheit erreichte Hundt u. a. durch die Erforschung der Graptolithenfauna und der Geologie in Ostthüringen. Hundt präsentierte mehrere Vorträge in verschiedenen Vereinen. Außerdem war er maßgeblich beim Aufbau der Heimatmuseen in Hohenleuben-Reichenfels und Weida beteiligt. Nach dem Zweiten Weltkrieg gehörte Hundt auch zum Geraer Stadtrat.

Heute gibt es in der Burgstraße die Statue „Schingenbrod fürn Hund", der an eine Szene in einer Gaststätte erinnert, bei der die Küchenfrau nur verstand, dass da einer vermeintlich ein Schinkenbrot für seinen Hund bestellte. Allerdings war es Rudolf Hundt, der abends eine solche Bemme zu sich nahm.

Franz-Stephan-Straße

Franz Stephan (1894–1936) war als Schriftsetzer der Geraer Zeitung tätig und wurde im Jahr 1920 Unterbezirksleiter der KPD. Anfang der Dreißigerjahre übersiedelte er ins damals noch nicht zu Thüringen gehörende Erfurt und wurde 1931 Redakteur an der Hamburger Volkszeitung. Noch im selben Jahr emigrierte er mit seiner Ehefrau in die Sowjetunion und erhielt vier Jahre später die sowjetische Staatsbürgerschaft. Ein Jahr später kam er bei einem Einsatz ums Leben.

Kretschmerstraße

Über der Franz-Stephan-Straße befindet sich an der Endhaltestelle Lusan-Zeulsdorf die Kretschmerstraße. Ernst Paul Kretschmer (1887–1957) war Lehrer an der Geraer Mittelschule. Von 1915 bis 1949 war er nebenberuflich und von 1949 bis 1952 hauptberuflich als Stadtarchivar der Stadt Gera tätig. Ihm ist es zu verdanken, dass sämtliche Bestände geordnet und neu zusammengefasst wurden. Kretschmer veröffentlichte über 640 Werke, darunter eine umfassende Stadtchronik.

Bemerkenswert ist allerdings, dass zu Lebzeiten des Archivars seine Leistung nicht anerkannt wurde. Von den meisten Geraern wurde er belächelt und gar als „Fürstendiener" beschimpft. Natürlich musste er für seine Arbeiten über Schloss Osterstein mit dem Fürstenhaus in Kontakt bleiben, um detaillierte Informationen zu erhalten. Auch von den Nationalsozialisten wurde er kritisch beäugt, denn Kretschmer war in der Freimaurerloge „Archimedes zum ewigen Bunde" tätig.

In einem Schreiben an Hermann Drechsler beklagt er sich über diese Umgangsformen und schreibt, dass er nur noch

Chemie unterrichten darf, weil ihm aus weltanschaulichen Gründen beispielsweise das Fach Geschichte entzogen worden war. Mehrmals musste der Archivar nachweisen, dass er in keinem direkten politischen Kontakt mit den Nationalsozialisten stand.

An dieser Stelle sei auf drei Werke von ihm verwiesen: „Fünfhundert Jahre Ferber zu Weißenfels und Nachkommen, 1939.", „50 Jahre Gera-Greizer Kammgarnspinnerei 1890–1940" sowie „Die Geschichte der Stadt Gera und ihrer nächsten Umgebung, 1926". Es fällt auf, dass Kretschmer an manchen Stellen der Stadtchronik den Stadtschreiber Ferdinand Hahn sehr subjektiv kritisiert. Allerdings muss gesagt werden, dass Hahn bekannt war für seinen ausführlichen romanartigen Stil. Im Vergleich dazu schrieb Kretschmer nüchtern und objektiv. Das heutige Stadtarchiv in der Gagarinstraße beherbergt noch ein Porträt des Archivars.

Berta-Schäfer-Straße

Von der Nürnberger Straße zweigt ebenfalls die Berta-Schäfer-Straße ab. Schäfer wurde 1890 in Lodz geboren und gehörte zum Widerstandskreis der KPD gegen die Nationalsozialisten. Im Jahr 1905 zog sie nach Gera, wo sie in verschiedenen Industriebetrieben arbeitete. Ihr Ehemann und sie mussten mehrere Hausdurchsuchungen erdulden. Außerdem kamen beide ins Arbeitslager.

Die letzte Verhaftung, die Schäfer erlebte, wurde im September 1944 vollzogen. Im Jahr 1945 wurde sie im KZ Ravenbrück ermordet. Neben der Straße wurde auch eine Straßenbahn nach ihr benannt.

Bruno-Brause-Straße

Der Friseurmeister Bruno Brause (1893–1941) gehörte neben Alfred Auerbach zu den bedeutendsten Ur- und Frühgeschichtlern Geras. Im Ersten Weltkrieg verlor er sein rechtes Auge, gründete aber dennoch im Jahr 1918 in der Schmelzhüttenstraße ein Friseurgeschäft, das er bis 1941 betrieb. Nebenbei widmete er sich der ostthüringischen Geologie und konnte mehrere paläolithische und mesolithische Fundstellen ausfindig machen. Brause wurde im Jahr 1935 in das „Internationale Institut für Paläontologie des Menschen" aufgenommen, wodurch seine Leistungen anerkannt wurden. Mit Alfred Auerbach arbeitete der Geologe an der Neuordnung der vorgeschichtlichen Abteilung des Städtischen Museums. Seine prähistorische Sammlung übergab er diesem im Jahr 1930.

Die Bruno-Brause-Straße verläuft von der Nürnberger Straße bis zur Otto-Worms-Straße. Außerdem wurde nach ihr eine Straßenbahnhaltestelle benannt.

Zwötzen/Liebschwitz

Ruckdeschelstraße

Von der Zwötzener Straße bis zur Pfarrstraße verläuft die nach dem Geraer Kommerzienrat Eugen Ruckdeschel (1849–1919) benannte Straße. Er trat als Enkel des Unternehmers Friedrich Weißflog im Jahr 1877 als Prokurist in die Firma ein und wurde im Jahr 1884 deren Mitinhaber. Zugleich gehörte er dem Vorstand des Verbandes sächsisch-Thüringischer Webereien an. Ruckdeschel bezog die Villa Hirsch I in der heutigen Geschwister-Scholl-Straße und heiratete die Schwester des Industriellen Georg Hirsch, Marie Otilie.

Walter-Gerber-Straße

Die nach dem Weber Walter Gerber (1888–1939) benannte Straße verläuft von der Fritz-Reuter-Straße bis zur Liebschwitzer Straße in einer gewundenen Form. Gerber arbeitete zunächst in der Fabrik Eugen Weißflog und war von 1918 bis 1924 in der Wesselmann-Bohrer-Co. AG tätig. Gemeinsam mit Meta Böhnert (nach der in Zwötzen der gleichnamige Platz benannt ist) gründete Gerber die KPD-Ortsgruppe Zwötzen. Im Jahr 1920 war er bei der Niederschlagung des Kapp-Putsches aktiv beteiligt und wurde vier Jahre später in den Dienst der KPD berufen. Daraufhin arbeitete Gerber bei verschiedenen Zeitungen als Geschäftsführer wie beispielsweise bei der „Neuen Zeitung", der „Schlesischen Arbeiterzeitung" und schließlich bis März 1933 bei der „Roten Fahne" in Berlin.

Während der Zeit des Nationalsozialismus war er an verschiedenen illegalen KPD-Aktionen beteiligt und wurde daraufhin mehrmals verhaftet. Nach seiner dritten Verhaftung wurde er im Dezember 1939 im Gefängnis Alexanderplatz umgebracht.

Meta-Böhnert-Platz

Zwischen der Pestalozzistraße und der Geibelstraße befindet sich der Meta-Böhnert-Platz. Böhnert (1890–1934) war zunächst in einer sächsischen Weberei angestellt, bevor sie von 1913 bis 1915 in der Gera-Greizer-Kammgarnspinnerei arbeitete. Bis 1918 war Böhnert in einer Munitionsfabrik in Sömmerda tätig. Nach dem Ersten Weltkrieg war sie Mitbegründerin der KPD-Ortsgruppe Zwötzen. Später arbeitete sie bis zu ihrer Verhaftung in der Stickgarnfabrik Friedrich Feistkorn am Stadtgraben. Böhnert setzte sich für die Verbesserung der Arbeitsbedingungen für Frauen ein.

Am 28.02.1933 – dem Tag der Reichstagsbrandverordnung – wurde sie mit anderen KPD-Mitgliedern verhaftet und nach Weimar ins Gefängnis gebracht. Sie starb kurz nach ihrer Entlassung.

Ernst-Zimmermann-Straße

In der Siedlung unterhalb des Lasurberges befindet sich die Ernst-Zimmerman-Straße. Benannt wurde sie nach dem Geraer Naturforscher Ernst Zimmermann (1860–1944), der zu den Schülern von Professor Karl Theodor Liebe gehörte und u. a. bei Ernst Haeckel Geologie, Botanik und Zoologie an der Universität Jena studierte. Nach seiner Promotion arbeitete Zimmermann am Mineralogisch-Geologischen Institut in Jena. Von 1886 bis 1925 war er zudem in der Preußischen Geologischen Landesanstalt tätig.

Viele Ehrungen wurden Zimmermann im Laufe der Jahre zuteil. So wurde er im Jahr 1893 zum Bezirksgeologen, im Jahr 1900 sogar zum Landesgeologen ernannt. Ab 1906 war Zimmermann als Geheimer Bergrat und Professor tätig. Er forschte hauptsächlich über Bodenschichten, wie etwa das Rotliegende. Mit dem in Gotha ansässigen Perthes-Verlag erstellte er verschiedene Messstichblätter des Thüringer Waldes und des Thüringer Beckens. Dabei arbeitete er eng mit dem Geraer Industriellen und Naturforscher Robert Scheibe zusammen.

Robert-Fürbirnger-Straße

Parallel zur Ernst-Zimmerman-Straße verläuft die nach dem Geraer Oberbürgermeister Robert Fürbringer (1806–1865) benannte Straße. Beide Straßen wurden Ende der Dreißiger für Arbeiter angelegt und mit Doppelhäusern versehen.

Fürbringer war zunächst als Stadtrat tätig, bevor er im Jahr 1851 für sechs Jahre zum Bürgermeister gewählt wurde. Die reußische Regierung verlieh ihm ein Jahr später den Titel „Oberbürgermeister". Das geschah nicht zuletzt deshalb, da Gera zunehmend wirtschaftlich bedeutender wurde und auf die Stadtverwaltung mehr Aufgaben zukamen, sodass sie eine Art „Oberverwalter" brauchte. Neben seiner politischen Tätigkeit befasste sich Fürbringer mit der Geraer Stadtgeschichte und ordnete die von Carl Felbrig erstellten Chronistenblätter. Er brachte beispielsweise die „Annalen der Stadt Gera seit dem Jahr 1813" heraus und publizierte ebenfalls die erste Chronik der Geraer Schützenkompanie.

Herbert-Liebs-Hof

In der Nähe der Kaimberger Straße befindet sich der Herbert-Liebs-Hof. Der aus Zeulsdorf stammende Polizist Herbert Liebs (1929–1951) wurde an der innerdeutschen Grenze erschossen und unter großer Anteilnahme in Zeulsdorf beigesetzt.

Der Herbert-Liebs-Hof verfügt über kein städtisches Straßenschild, sondern lediglich über eine Tafel mit der Adresse, die von der zugehörigen Wohnungsgenossenschaft angebracht wurde.

Herbert - Liebs - Hof
1-7

Rudolf-Behr-Weg

Bei einer Kleingartenanlage befindet sich in der Nähe der Untitzer Straße der Rudolf-Behr-Weg. Sein Namensgeber stammte aus Liebschwitz und war neben seiner Lehrertätigkeit eine Art Heimatschreiber. Im September 1943 fiel er von einer fünf Meter hohen Leiter und verletzte sich schwer.

Schlussbemerkungen

Damit endet die Reihe der Geraer Persönlichkeiten, die zum aktuellen Zeitpunkt in Straßennamen verewigt sind. Manch einer der Berühmtheiten ist weithin bekannt, manch anderer weniger. Mit diesem Büchlein soll die Tradition der Geraer Geschichte hinsichtlich Politik, Wirtschaft, Musik, Literatur und Kunst aufrechterhalten werden. Es bleibt zu hoffen, dass damit die Geraer Persönlichkeiten wieder mehr ins Gedächtnis der Geraer Bevölkerung gerufen werden.

Selbstverständlich haben die betreffenden Persönlichkeiten so gut wie nichts mit den jeweiligen Straßen zu tun. Nur selten lebten oder wirkten sie tatsächlich dort. Oftmals ist es sehr verwunderlich, weshalb ausgerechnet eine bekanntere Persönlichkeit einer dürftigeren Straße ihren Namen verleiht als ein weniger Prominenter. Die Benennung von Straßen gehorchen demnach bei den Geraer Persönlichkeiten keiner Gesetzmäßigkeit und es wird wohl dauerhaft ein Rätsel bleiben, welche Kriterien für einen Namen sprachen oder ob es sich bei der Benennung womöglich um reine Willkür handelte.

Danksagung

In allererster Linie danke ich meiner Familie, die mich in vielerlei Hinsicht unterstützt. Hier möchte ich ein besonderes Dankeschön an meine Mutter aussprechen, die sich diese „Straßennamengeschichten" auch nach mehreren harten Arbeitstagen anhörte.

Weiterhin danke ich der Leiterin des Stadtarchivs, Frau Christel Gäbler, die mich im März 2020 zum Tag der Archive einlud. Dort durfte ich mein erstes Gera Buch „Die industrialisierte Stadt – Gera um 1900" zweimal präsentieren.

Danke auch an Florian, der mich seit meinem ersten Stadtspaziergang begleitete und erheblich zur Unterhaltung beitrug.

Bildnachweise

Alle Straßenschilder wurden vom Autor persönlich fotografiert.

Weitere Bilder stammen aus:

Stadtarchiv Gera, Stadtmuseum Gera, der persönlichen privaten Sammlung des Autors sowie von: gera-chronik.de

Einige Bilder sind nicht hochauflösend. In vielen Fällen kann man froh sein, dass es von bestimmten Personen überhaupt Bilder gibt.

Bildnachweise aus Literatur:

Baumgärtel, Hans Georg (Hrsg.): Gera in alten Ansichtskarten, Frankfurt am Main 1981.

Brodale, Klaus; Heckmann, Ute (etc.): Stadtarchiv Gera und Stadtmuseum Gera (Hrsg.): Auf dem Weg zur Großstadt... Geraer Stadttopographie und Stadterweiterung in Ansichtskarten, Gera.

Kalender der Persönlichkeiten aus Gera 2016 und 2018.

Cover: Kalender der Persönlichkeiten in Gera 2018.

Literaturverweise

Monographien:

Domkowsky, Günter: Oberbürgermeister der Stadt Gera. Begegnungen-Anekdoten-Wissenswertes, Gera 2007.

Hess, Ulrich: Geschichte Thüringens 1866–1914, Weimar 1991.

Hünicke, Heiner: Aus der Geschichte der Geraer Krankenhäuser der Stadt Gera, Gera 2005.

Mues, Siegfried: Die Straßennamen der Stadt Gera von A bis Z. Ihre Geschichte und Geschichten, Gera 2006.

Sammelbände:

Stadt Gera (Hrsg.): Siedlungen und Wohnanlagen der Moderne unter Denkmalschutz, Gera 2009.

Stadt Gera; Untere Denkmalschutzbehörde (Hrsg.): Industriebauten in Gera, Gera 2002.